WANDERLEY OLIVEIRA

# APAIXONE-SE POR VOCÊ

**Série Autoconhecimento**

Dufaux
editora

APAIXONE-SE POR VOCÊ
Copyright © 2014 by Editora Dufaux
1ª Edição | 2ª Reimpressão | Maio 2015 | do 16º ao 20º milheiro

Dados Internacionais de Catalogação Pública [CIP]
Câmara Brasileira do Livro | São Paulo | SP | Brasil

Wanderley Oliveira
*Apaixone-se por você*
DUFAUX: Belo Horizonte, MG, 2015.
221 p.     16 x 23 cm

ISBN 978-85-63365-29-3

1. Mensagens          2. Autoconhecimento
I. Oliveira, Wanderley     II. Título

CDU 133.9

Impresso no Brasil     Printed in Brazil     Presita en Brazilo

EDITORA DUFAUX
R. Contria, 759
Alto Barroca, Belo Horizonte
MG, 30431-028
(31) 3347-1531
comercial@editoradufaux.com.br
www.editoradufaux.com.br

Conforme novo acordo ortográfico da língua portuguesa ratificado em 2008.

Todos os direitos reservados à Editora Dufaux. É proibida a sua reprodução parcial ou total através de qualquer forma, meio ou processo eletrônico, digital, fotocópia, microfilme, internet, cd-rom, dvd, dentre outros, sem prévia e expressa autorização da editora, nos termos da Lei 9.610/98 que regulamenta os direitos de autor e conexos.

# SUMÁRIO

Prefácio - De bem com a vida ......................... 12

## VOCÊ E VOCÊ

1. Você é muito mais .......................... 18
2. Se conhecer faz crescer ................... 19
3. Não dá pra ficar sem se amar ............ 21
4. Momentos infernais também passam ...... 24
5. Você em primeiro lugar ................... 26
6. Ninguém é responsável por você ......... 27
7. Junte seus caquinhos e faça uma obra de arte ....................................... 29
8. Mude seus planos hoje ................... 30
9. Seja criança outra vez ................... 32
10. Saiba se proteger no bem ............... 34
11. Construa um novo olhar ................. 35
12. Amadurecer é libertador ............... 36
13. Fique de bem com a vida ............... 37
14. Frases importantes para seu dia ...... 38
15. Não seja *cover* de ninguém. Seja você! ... 39
16. Ajuda: você precisa e pode ter ........ 40

17. Qual a sua verdadeira idade? ... 41

18. Preste atenção nas dores musculares ... 43

19. Não queira viver como anjo ... 45

20. Cuidado com o que você fala ... 47

21. Se você ama, consegue dizer não ... 49

22. Afirmações positivas ... 51

23. Anote aí: direção e foco nas soluções ... 52

24. Exercício para deixar a dor ir embora ... 53

25. Autoamor: opção pelo melhor ... 54

26. Decepcionar-se faz bem ... 55

27. Faça a sua proteção espiritual ... 56

28. Não sintonize com energias ruins ... 57

29. Pessoas que se amam ... 58

30. Do que você realmente precisa? ... 59

31. Deixa a vida acontecer ... 60

32. Você está em terapia ou apagando incêndio? ... 61

## VOCÊ E SEUS SENTIMENTOS

33. Aprenda com a sua raiva ... 64

34. Seja uma boa companhia para você ... 66

35. Carência: evite esse território ... 67

36. A inveja pode te mostrar muita coisa boa ... 68

37. Estar infeliz pode te levar a mudanças ... 70

38. Faça as pazes com sua tristeza ........ 72

39. Fique de olho no estresse ........ 73

40. O que fazer de bom com a culpa ........ 75

41. Limpe a mágoa da sua aura ........ 76

42. Roubo de energia ........ 77

43. Não fique na fila dos magoados ........ 79

44. Não deixe o remorso te fazer perder tempo .... 81

45. Recicle o cansaço. Vai ser ótimo! ........ 82

46. Saiba lidar com suas perdas ........ 84

47. Vigie suas crenças ........ 85

## VOCÊ E OS OUTROS

48. Tenha cuidado com os julgamentos ........ 88

49. Aceita que dói menos! ........ 90

50. Aplique o autoperdão e prossiga ........ 92

51. Seu carma o faz crescer ........ 93

52. Seu carma é tudo de bom! ........ 95

53. Quem te acusa, pede socorro ........ 97

54. Fazer tudo não é uma prova de amor ........ 98

55. Adapte-se à realidade ........ 99

56. É preciso ser amigo de verdade ........ 100

57. Disponibilidade demais atrapalha ........ 101

58. A vida permite escolhas ........ 103

59. Você tem o direito de escolher ............ 105

60. Pessoas mais prováveis de se magoarem ........ 107

61. O amor também tem limites ............ 108

62. Autoamor, autoabandono e codependência ... 109

63. Mude de atitude e mande a culpa embora ........ 110

64. Invista em quem te ama ............ 111

65. Aceitando as perdas, você recomeça mais feliz 112

66. Está ruim? Proteja-se! ............ 113

67. Dica de proteção para você ............ 114

68. Focando no lado bom, você descobre o melhor 115

69. Fique atento com as "vítimas" ............ 116

70. Não está fácil achar um amor ............ 118

71. Expectativas demais tiram você da realidade. 120

72. Está mais difícil "do lado de cá" ............ 121

73. Não carregue ninguém nas costas – I ........ 122

74. Não carregue ninguém nas costas – II ........ 124

75. Como saber se você perdoou? ............ 126

76. Terminar não significa encerrar ciclos ........ 128

## VOCÊ E DEUS

77. Pode pedir que Deus atende ............ 132

78. Abra uma fresta de esperança ............ 133

79. Não fique na periferia de Deus ............ 134

**80.** A paz que é só sua ........................................... 135

**81.** Ligue para o celular de Deus ................. 137

**82.** Busque Deus a cada amanhecer ........... 138

**83.** A contabilidade de Deus ....................... 139

**84.** Acolhe-me, Senhor! ................................ 140

Ficar de bem com a vida não exige muitas habilidades e conhecimentos. Na maioria das vezes, nos falta orientação que proporcione uma mudança comportamental e um esforço direcionado para novas conquistas. Considerações bem simples podem fazer muita diferença. Este livro se propõe a trazer para o campo de nossas reflexões essas pequenas observações tão importantes.

Os textos deste livro, em princípio, foram escritos com mais informalidade e postados em meu Facebook, obtendo ótima repercussão. Esse fato levou a editora a pensar no projeto de um livro. São textos breves sobre o viver, com foco, principalmente, na vida emocional, com reflexões e orientações terapêuticas que podem auxiliar no desenvolvimento do autoamor e da paz interior.

São mensagens inspiradas em minha experiência profissional, a partir dos inúmeros dramas e dores humanas de pessoas em busca de soluções para uma vida melhor. Busquei enfocar sempre os aspectos luminosos e curativos de cada contexto.

Muitos de meus clientes, ao iniciarem seus relatos, me dizem: "Prepare seus ouvidos, pois tenho muitos problemas pra contar.". Eu ouço com muita atenção e quase sempre digo: "Você tem razão. São muitos problemas que se resumem em um só: na falta de amor a você mesmo.".

Sem quaisquer generalizações, uma expressiva parcela de doenças psíquicas e emocionais pode ter como causa a falta de amor a si mesmo, o autoabandono e a baixa autoestima. Já constatei muitos casos de doenças severas que têm suas causas mais profundas nessa ausência de uma relação de amor e acolhimento a si próprio.

Culpas, cobranças, perfeccionismo, medos, fobias, carências, ansiedade e muitas outras doenças são frutos da distância que a pessoa cria de sua alma e de sua luz pessoal. Entra então num processo de racionalizar muito sobre sua vida e se afasta de seus sentimentos mais autênticos e libertadores.

A cura é apaixonar-se por você, aprender como aplicar cuidados terapêuticos de amor às suas limitações, livrando-se das cobranças intermináveis e dos medos paralisantes.

Minha visão de processo de cura está intimamente conectada com a ideia de que, para atingir bons resultados, é necessária uma educação emocional centrada no amor a si mesmo. Eis, portanto, as propostas básicas deste livro: estar bem consigo, saber como se perdoar, ter poder organizador sobre a vida mental e desenvolver uma maior capacidade de gerenciamento sobre os talentos morais e espirituais que todos possuímos.

Agradeço aos meus clientes, que foram minha fonte de inspiração. Eu tenho o maior carinho por eles, porque eu aprendi que eles precisam mais da minha amorosidade do que dos meus conhecimentos técnicos. Com a técnica, eu posso ajudá-los a perceber algo que necessitam corrigir. Com minha amorosidade, eu consigo lhes mostrar que eles podem se curar com o poder do amor e do autoamor.

"Apaixone-se por você" foi escrito com o coração. Espero que possa realmente ser útil e levar mais pessoas a alcançarem a meta almejada por todos: estar de bem com a vida.

Wanderley Oliveira.
Belo Horizonte, janeiro de 2014.

# 1 VOCÊ É MUITO MAIS

Só você e Deus sabem como tem sido sua vida, suas dores, suas conquistas e sua caminhada.

Sabem quantos obstáculos superados, quantas batalhas perdidas e quantas vitórias alcançadas.

Sabem o que foi feito para chegar até aqui.

Diante disso, você vai deixar que alguém que não participou de nada dite o que você deve ou não fazer?

Você vai permitir que alguém que não tem a menor noção de seus esforços para manter-se de pé venha determinar o que você deve sentir ou deixar de sentir?

Não permita que isso aconteça. Cuide-se com muito carinho para não deixar que alguém pegue uma peça do quebra-cabeça da sua vida e te julgue, encaixando-a onde quiser. Uma peça é só uma parte. Você é muito mais.

Se você der muita importância a tudo que falam de você, simplesmente não terá tempo e energia para fazer o seu melhor, porque gastará seus esforços tentando se explicar e se defender perante as pessoas.

Faça seu melhor, e, se isso não for suficiente para os outros, acredite na força da vida, que sempre te ensina a crescer e avançar nas experiências da convivência.

# 2 SE CONHECER FAZ CRESCER

Quando a atitude de alguém te incomoda, essa reação é um alerta da alma, dizendo que você tem algo a aprender com esse acontecimento.

Quando você procura fazer sempre o melhor pensando em agradar os outros, existe uma enorme chance de sofrer, porque, sem perceber, você vai bem além do seu melhor nessa tentativa insana.

O seu melhor é uma medida que só pode ser atingida quando você coloca a si próprio como referência, e não o outro. Parece que isso é egoísmo, mas não é. Isso se chama autoamor que se expressa na noção exata de seus limites, de suas imperfeições e do que você realmente quer da vida.

Guarde bem essas ideias: limites, imperfeições e o que você quer da vida, pois conhecer profundamente o que elas significam com relação a você é o segredo do autoamor.

Conhecendo seus limites, você não vai ultrapassá-los.

Conhecendo suas imperfeições, você vai perceber os abusos do julgamento alheio.

Conhecendo o que você quer da vida, você vai tomar decisões eficazes e inteligentes, evitando aquilo que não merece e alcançando aquilo que necessita.

Nesse processo de autoconhecimento, a qualquer momento você vai olhar para aquela pessoa que te incomoda e que você não compreende e vai sentir uma luz brotando dentro de si mesmo. Você será capaz de compreendê-la e conseguirá perceber que Deus conta com ela também. Perceberá que ela apenas tem um jeito diferente de ser, viver e realizar o bem.

Essa luz se chama amor, o sentimento que nos aproxima uns dos outros, porque quebra o muro dos nossos pontos de vista endurecidos, dos nossos julgamentos sombrios e do nosso orgulho separatista.

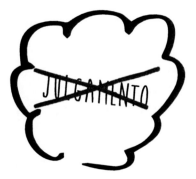

# 3 NÃO DÁ PRA FICAR SEM SE AMAR

Segue uma pequena lista do que vai junto com o seu amor aos outros, quando você não cuida de construir o amor a si mesmo: medos, frustrações, insegurança, arrogância, carências, angústias, mágoas e muitas dores emocionais.

A forma como você se trata é também a forma como você trata seus amores. Quando você não está bem na relação consigo próprio, o mesmo irá acontecer na sua relação com os outros, de formas variadas e prejudiciais. E o pior é que, se você não tem consciência dessa falta de autoamor, você responsabiliza as pessoas que ama pelas coisas ruins que você sente.

A forma como você se trata cria uma vibração, um campo energético, entre você e as pessoas.

Se você não se preocupa em realizar seus gostos, não é fiel com seu querer e com suas necessidades, isso poderá trazer o desengano e a decepção para seus relacionamentos afetivos com filhos, cônjuges e amigos.

Preste atenção nas suas necessidades, trate com carinho os seus desejos mais profundos e respeite os seus sentimentos para que a vida e as pessoas te respeitem também.

Quando você tem medo de ser rejeitado, sua relação é assombrada pela necessidade de agradar para não perder o carinho de alguém.

Se você guarda uma frustração na existência, isso vai aparecer na forma de cobrança e rigidez para com a pessoa amada, a fim de que ela não tropece no mesmo caminho.

Quando você não trabalha sua solidão e sua carência, vai esperar demais do outro, exigindo, de modo exagerado, mimos, reconhecimento e presença.

Se você é perfeccionista e espera demais de si, isso vai te levar a um relacionamento repleto de mágoas, porque ninguém vai atender totalmente às suas expectativas superdimensionadas.

Quando você é uma pessoa muito disponível na relação, gosta de ajudar a todos e assume uma postura de excessiva bondade, sua convivência será atormentada pela mania de controlar.

Se você sente muita culpa, vai tentar gerenciar a vida de quem ama para que ele não sinta o mesmo.

Se você é uma pessoa muito agressiva com você, certamente isso vai refletir nos seus relacionamentos; sua forma de amar será cheia de cobrança, rigidez e desrespeito.

Se você não está bem com você, suas relações de amor vão refletir sua doença, sua dor, suas imperfeições.

Se você não quer ou não dá conta de resolver suas dificuldades pessoais, corre o risco de transferir a quem ama a tarefa ingrata de te fazer feliz. E isso é uma ilusão. Ninguém tem esse poder a não ser você.

Quando você diz que ama alguém sem amar a si mesmo, o amor que dá aos outros será sempre sufocado pelas suas próprias limitações e enganos emocionais. Continue amando do jeito que você dá conta, mas procure logo por ajuda se você não está conseguindo se tratar com bondade e carinho. Fazendo assim, você traz alegria e felicidade para sua vida e para a vida de quem é importante para você.

# 4 MOMENTOS INFERNAIS TAMBÉM PASSAM

Existem dias assim. Parece que temos um inferno por dentro. A mente fica confusa, os sentimentos indefinidos, vem o desânimo físico e por aí vai...

São as dores da alma. Não é loucura, nem mediunidade, nem "encosto" e nem TPM. É sua alma dizendo: "Desculpe pelos transtornos, mas hoje tenho que vasculhar o inconsciente em busca de algo importante". Isso acontece, mesmo sem razões claras para acontecer.

Ninguém é totalmente feliz, nem totalmente triste. Existem os momentos de muita alegria e também os de dor. Eles se alternam sem que você perceba. Se alguém fosse feliz ou depressivo o tempo todo, decerto morreria.

Aprenda a acolher esses momentos duros como um aviso da alma dizendo: "Em manutenção para melhorar sua vida". Não fique ansioso para se sentir melhor nesses instantes, pois isso aumenta a aflição.

Busque a prece sem desespero, mas saiba que só a oração não vai resolver. Tome uma atitude. Busque se ocupar com algo útil e necessário.

Acolha essas vivências, por mais dolorosas que sejam. Feche os olhos e diga com verdadeiro sentimento de aceitação: "Minha alma, eu decido acolher esse momento com incondicional amor". Repita essa frase quantas vezes sentir que é necessário. Depois, respire fundo algumas vezes e vá viver. Logo tudo passará.

Um dos passos fundamentais para vencer suas tendências ao egoísmo e à rebeldia é assumir responsabilidade sobre aquilo que plantamos no canteiro da vida.

Mesmo que você tenha que colher frutos amargos e espinhosos das sementes que plantou, acolha-os com amor e diga: "Sou responsável por isso. Assumo minhas atitudes e quero plantar novas sementes".

Enfrente suas lutas no campo da vida com coragem, na certeza de que você pode se perdoar pelo que fez.

Recomece e não pare mais de plantar sementes melhores e mais ricas de amor e de paz. A vida te responderá com entusiasmo e alegria para prosseguir.

# 5 VOCÊ EM PRIMEIRO LUGAR

Muitas vezes você experimenta a sensação de que está transmitindo aos outros muitos sentimentos que ainda não consegue sentir em você mesmo, como a alegria, o perdão, o otimismo, a fé e outros tantos.

Isso acontece quando você coloca o outro como mais importante para você do que você mesmo. E, quando faz isso, agride seu próprio equilíbrio emocional.

Sua saúde emocional só é possível quando fica claro que, apesar de ser necessário você amar e ser amado pelos outros, a pessoa mais importante e a quem você necessita dar amor é você mesmo.

Se você busca amar alguém mais do que a você mesmo, não conseguirá se sentir merecedor do bem e das coisas boas que oferece ao outro, vivendo de sacrifícios, penúria e carência.

O amor ao próximo é fonte iluminada de saúde, paz e cura; entretanto, quando você se movimenta sem a proteção do autoamor, esse amor ao próximo vai te machucar e te deixar sujeito a dores e sofrimentos que poderiam ser evitados.

Assuma definitivamente que a pessoa mais importante da sua vida é você. Sabe qual o resultado disso? O resultado é que, dessa forma, você será alguém melhor também para todos à sua volta, e estará sempre de posse da sua integridade, da sua felicidade e da sua paz.

Não delegue para ninguém a responsabilidade de te fazer feliz. Ame-se!

# 6 NINGUÉM É RESPONSÁVEL POR VOCÊ

Certa vez, após uma palestra, fui abordado por uma pessoa que acompanhou os estudos e me disse apavorada:

— Aquele caso que você contou me deixou com muito medo. Você não deveria falar essas coisas em uma palestra.

— Entendo, senhora – respondi calmamente.

— E agora o que eu faço com esse medo?

— O medo é um sentimento muito positivo. Ele é um indicador de que realmente aquilo que tememos pode nos lesar ou prejudicar de alguma forma. No fundo, ele surge para que nos preparemos melhor para enfrentar aquilo que tememos.

— Mas agora eu vou ficar com muito medo daquilo que você disse – insistiu ela.

— Que bom para a senhora. Faça as pazes com seu medo e oriente-se por ele. Prepare-se melhor a respeito do assunto. Seu medo é seu amigo, e não seu inimigo. Ele só aparece diante daquilo que precisamos enfrentar e nos convida a melhor nos prepararmos para esse fim.

— Mas, em uma palestra espírita, o senhor deveria dar esperança, e não provocar medo.

— Observe a senhora que, a respeito desse caso, as demais pessoas me ouviram com bom humor e alegria.

Aliás, já contei esse caso inúmeras vezes em outras palestras e nunca alguém teve essa sua reação. O medo também pode ser um ótimo caminho para a esperança.

— Mas, – continuou ela, parecendo não estar muito a fim de aprender – e o que eu faço agora com esse medo?

— Senhora, o medo é seu. A lição é sua. Medite e encontre seu caminho. Enfrente-o e descubra o que ele quer lhe dizer.

— O senhor é responsável por ele – disse, de forma mais agressiva.

— Minha irmã, eu respondo por mim, e se você está acostumada a responsabilizar as pessoas pelas coisas que você sente, faça um favor a você mesma: busque tratamento e que Deus te abençoe os caminhos.

Quando a provação te assalta o coração, fique atento para que ela não roube a mais preciosa lição: a vontade de viver e a crença no poder divino.

Nada acontece sem motivo. Nas provações, você é examinado em três lições: na coragem de decidir viver plenamente apesar das contrariedades, na fé em Deus e na capacidade de aceitar a realidade da vida. Quando você aprende suficientemente essas três lições, permanece de pé na vida.

# 7 JUNTE SEUS CAQUINHOS E FAÇA UMA OBRA DE ARTE

Se você foi alvo de incompreensão e crítica, recolha o aprendizado possível em clima de sinceridade e prossiga. Se o valor de seus esforços não foi reconhecido, continue no trabalho que edifica e vá adiante. Se reagiram com agressividade às suas iniciativas, respeite o momento de cada um e bola pra frente!

Essas experiências são extremamente dolorosas e, mesmo que você deseje que elas nunca aconteçam ou que elas passem rápido, elas vão te conduzir a uma visão mais ampla da vida e de si mesmo.

Sabe por que acontece isso com você?

Para você descobrir seu verdadeiro valor e não se permitir ultrapassar seu limite de confiança e expectativas em relação aos seus círculos de convivência.

Gostou? Então ame-se e cuide bem de você!

Junte seus caquinhos e faça de você uma obra de arte. Deus te quer assim.

# 8 MUDE SEUS PLANOS HOJE

Acorde pela manhã e substitua as frases "hoje eu tenho de" e "hoje eu preciso de" pelas frases "hoje eu quero", "hoje eu escolho", "hoje é meu dia de sucesso, de alegria e de paz".

Se, nesse dia, alguém tiver inveja de você, pergunte ao seu coração: "Coração, o que há de tão bom em mim que eu vejo nessa pessoa, mas não consigo ver em mim? Abra meus olhos para eu descobrir".

Dê bom dia a quem não está de bom humor e a quem você não cumprimentaria por algum motivo. Faça isso pensando em você e no quanto você não quer ficar remoendo e cobrando atitude dos outros.

Faça uma pequena oração. Não peça a Deus para mudar nada, e sim o entendimento sobre o que é necessário mudar em você e como fazê-lo.

Transforme a sua rotina. Vá por outro caminho, mesmo que seja mais longo. Acorde mais cedo para fazer isso. Na verdade, durma mais cedo na noite anterior, já pensando nisso. Faça disso um acordo, um plano, uma diversão.

Tome café em outro lugar.

Volte mais tarde do trabalho para não enfrentar o trânsito e faça algo útil enquanto isso.

Alimente-se de forma calma. Mastigue prestando atenção e sentindo o sabor.

Pense em como tornar seu dia melhor, em como transformar sua rotina em algo útil e agradável.

Enfrente os deveres mais difíceis primeiro. Nessa dinâmica tudo se resolverá com maior fludez.

Se você puder, mude também alguns dos seus horários. Faça seu dia girar por objetivos e não por número de horas ou tarefas.

Dê um presente a você mesmo todos os dias. Cuide de você, acolha-se com carinho. Tenha um plano de autoamor para seu dia, para sua semana, para sua vida. Dedique-se a elaborar esse plano e busque ser mais feliz.

Coloque esse plano como seu principal objetivo. Todos os dias. Certamente sua vida terá outra cor, outro vento, mais docilidade e mais leveza.

# 9 SEJA CRIANÇA OUTRA VEZ

Busque um lugar reservado, respire fundo, coloque uma música, espalhe um aroma no ambiente, crie um clima de relaxamento. Se não for possível nada disso, apenas feche os olhos.

Pense em uma foto sua, de quando você era criança, que mais lhe traga boas recordações. Fixe essa foto em sua mente e dê movimento à sua criança interior. Olhe para ela. Veja-se brincando. Busque recordações de sua época infantil que sejam boas.

Agora, faça um encontro. Prepare-se.

Dê as mãos para sua criança interior. Rode e brinque com ela. Assente-se com ela em uma relva e inicie o seguinte dialogo:

"Perdoe-me por te abandonar. Fui eu quem mais perdi. Trago dentro de mim uma dolorosa sensação de vazio por ter te abandonado, minha criança querida. Eu voltei agora e vim te buscar. Quero que você fique comigo todos os dias. Preciso da sua inocência, da sua simplicidade, da sua bondade espontânea, preciso do seu coração no meu. Esperei muito de tudo e de todos e me senti sozinho. Senti sua falta. Quero te acolher. Está tudo bem agora, não tenha medo, eu estou aqui para te proteger. Não existem mais motivos para essa sensação de vazio. Eu te acolho com amor e agora, tendo você comigo, também me sinto mais acolhido, mais protegido. Obrigado minha criança interior. Eu te amo! Eu te amo!" Entrar em contato com seu lado infantil é nutrir-se de forças sutis importantíssimas para seu bem-estar e sua saúde.

A criança interior aumenta sua criatividade, revitaliza sua força vital, cresce seu desejo de ter sonhos, amplia sua sensibilidade para a vida, desperta mais curiosidade, gera uma sensação de amparo e dilata sua afetividade.

Entrar em contato com sua criança interior é voltar-se para você, é um exercício de autoamor e fortalecimento do ego sadio, do ego iluminado.

Busque sua criança e lembre-se da frase inesquecível de Jesus: "Deixai vir a mim as criancinhas, porque delas é o reino dos céus".

# 10 SAIBA SE PROTEGER NO BEM

Você vive mergulhado em um mundo de energias. Energias das plantas, dos objetos, dos animais, das pessoas, dos espíritos.

Você seleciona as energias que consome conforme sua forma de viver. Seus pensamentos e seus sentimentos são os principais sintonizadores do que você recolhe nos ambientes onde vive.

Se você está pessimista, suga energias tóxicas de tristeza, dor e desesperança. Se você está confiante, recolhe as forças do bem e da motivação para caminhar.

Compreenda que não são as energias nem as pessoas que prejudicam sua vida, e sim o que você escolhe consumir em torno de seus passos.

Proteja-se, buscando cultivar sempre o que você conhece e consegue de melhor e, quando não se sair muito bem, busque arrimo na oração e em outras formas de recuperar seu clima interior.

É você quem escolhe o que quer da vida. Quando você escolhe plantar o bem, é você quem ganha mais com isso. Acredite!

# 11 CONSTRUA UM NOVO OLHAR

Agora pode ser o melhor momento da sua vida. Tudo vai depender de como você olha os acontecimentos e de como você constrói seu sentimento a respeito das pessoas à sua volta.

Os acontecimentos são como são. Eles ocorrem, em sua maioria, independente do que você possa fazer para interferir. Você vai se deparar com surpresas, decepções, coisas boas e outras não tão boas assim.

As pessoas são como são. Você não tem como gerenciar o modo de ninguém viver ou prever como vão reagir diante dos acontecimentos. Você só é capaz de mudar o seu modo de ser, de pensar e de sentir a vida.

Exercite a visão otimista. Procure enxergar mais além e ver o ganho de cada experiência. Mesmo que, à primeira vista, você não veja esse lado, ele está lá.

Isso não quer dizer fechar os olhos para a realidade, mas proteger-se com energias saudáveis para encará-la da melhor forma que existe: de cabeça erguida e com a certeza da vitória sempre.

Um ótimo novo olhar!

# 12 AMADURECER É LIBERTADOR

O amadurecimento se desenvolve quando você abandona a necessidade compulsiva de ter controle sobre tudo. Surge quando você atua onde pode fazer diferença, mas aceita o que não pode mudar. Simplesmente percebe que viver é isso, deixar fluir.

Pessoas maduras não sentem necessidade de consertar nada no passado. Aprendem com ele.

Pessoas maduras não sentem necessidade de modelar o futuro. Acreditam que o melhor virá com ele.

Pessoas maduras entendem que só no presente podem unir o aprendizado com a possibilidade de fazer acontecer o melhor.

Quer uma dica para amadurecer? Faça o seu melhor, dia após dia.

Amadurecer é libertador, isto é, LIBERTA DA DOR.

# 13 FIQUE DE BEM COM A VIDA

Pessoas de bem com a vida lidam bem consigo mesmas. Dão bom dia ao porteiro, à faxineira, ao motorista e ao trocador de ônibus, sem esperar que retribuam. Afinal de contas, quem não retribui deve estar muito mal ou então precisa adquirir mais habilidade social. Cumprimente as pessoas que passam pelo seu dia, inclusive, aquelas que não são da sua rede de afetos.

Comunique que está chegando o dia de seu aniversário, e, se quiser, faça uma festa, mas não fique na expectativa sofrida dos parabéns que irá receber ou fazendo uma lista de quem não o parabenizou.

Pessoas de bem com a vida se elogiam sem falsa modéstia. Vestem-se e arrumam-se para si mesmas e não ficam na dependência de elogios sobre o novo visual.

Não aborrecem ninguém. Entendem as loucuras e as diferenças dos outros.

Buscam o bem viver, não padronizam, evitam o controle, não querem estar certas o tempo todo.

Pessoas de bem com a vida colhem da própria vida tudo aquilo que as coloca ainda mais de bem com ela.

# 14 FRASES IMPORTANTES PARA SEU DIA

Mentalize um caderno. Escolha ou crie a seu gosto uma frase para escrever em seu caderno mental, dessa forma:

- Hoje será um dia muito melhor do que ontem.

- Cada linha que eu escrever hoje será uma poesia expressando o bem.

- Uso a borracha do perdão para apagar da memória o que não serviu.

- Reescrevo ideias, atitudes e o que valer a pena.

- Agradeço e louvo por mais uma oportunidade na vida.

Após escrever mentalmente sua frase, imagine-se fechando o seu caderno e traga as duas mãos até o coração. Deposite aí o seu caderninho.

# 15 NÃO SEJA COVER DE NINGUÉM. SEJA VOCÊ!

A maturidade acontece quando você interrompe a necessidade de imitar alguém e deixa florescer a sua individualidade, a sua diferença. Seja você mesmo, busque seu caminho particular para Deus, não faça cópias.

Em muitos casos, as cópias são expressões de orgulho, insegurança, desvalia, baixa autoestima, entre outros sentimentos. É você tentando ser alguém que deu certo, alguém que te impressiona e encanta. Tomar carona no sucesso alheio é um provável indício de que você não está bem com você próprio.

Pode até ser que você consiga demostrar para os outros o mesmo sucesso da pessoa que você está imitando, mas o fato de você não ser quem realmente é será péssimo para sua caminhada pessoal. Você estará coberto por um manto de ilusão, acreditando que está obtendo o mesmo resultado de quem você copiou. É ilusão, não caia nessa!

Seja uma pessoa com ótimos resultados sendo você mesmo. Nesse contato consigo, você vai alcançar um patrimônio singular de valores que só você tem. Basta se conectar com essa singularidade e deixar florescer seu valor. Seja você do seu jeito. Com certeza tudo será melhor para sua vida.

Não seja cover de ninguém. Seja você e se realize!

# 16 AJUDA: VOCÊ PRECISA E PODE TER

Um dos caminhos para aumentar o seu sofrimento é o fato de não procurar ajuda quando precisa.

A palavra e a orientação de um amigo, de um terapeuta ou de alguém que te apoie pode evitar que você fique muitos anos preso a um mesmo problema. O orgulho de não aceitar apoio ou tratamento quando forem necessários pode levar a maiores dores.

Você não foi criado para dar conta da sua evolução sozinho. Quando você está sozinho em sua dor, sua mente se fixa nos problemas, aumentando a extensão da realidade, criando fantasias, e o seu poder de encontrar soluções fica significativamente reduzido.

Busque ajuda, tenha humildade. Não precisar de alguém não é sintoma de força, e sim de arrogância. Todos nós precisamos de ajuda.

Procure investir em sua vida. Se você se sente adoecido emocionalmente, se está sofrendo com problemas graves, busque ajuda para se entender, invista em seu autoconhecimento.

Se pessoas já perceberam que investir é crescer sem dor, imagine você, que está na dor, o quanto não está precisando de apoio. Busque ajuda.

# 17 QUAL A SUA VERDADEIRA IDADE?

Você sabe avaliar qual a sua idade interna?

Isso faz uma diferença no seu modo de viver que você nem imagina. Assumir sua idade mental, descobrir qual o parâmetro mais realista de sua forma de pensar e de sua forma de ser, pode mudar muita coisa na sua vida. Veja algumas delas:

- seus relacionamentos ficam mais saudáveis;

- sua saúde física se desenvolve em melhores condições;

- seu sono pode ser mais revitalizador;

- sua criatividade pode ser expandida;

- seu prazer encontra caminhos mais saudáveis;

- seu humor fica mais estável;

- sua visão de vida é mais inteligente e proveitosa;

- sua capacidade de autopercepção se dilata;

- sua imagem passa a ter sintonia com a realidade.

Para descobrir sua idade interna e tirar proveito dos benefícios dessa conquista, você precisa fazer uma conexão pacífica e amorosa consigo mesmo. Procure ajuda especializada e invista em sua vida. Conheça melhor o que é sombrio e o que é luminoso em você e faça um retrato de si mesmo com mais nitidez.

A idade interna é definida pela maturidade emocional, e o seu traço principal é a humildade, que manifesta o grau de consciência de quem é você. A humildade é construída quando você possui um retrato real de si mesmo que não o coloca nem abaixo e nem acima de suas qualidades e de suas imperfeições.

Por outro lado, o traço que o desconecta da idade interior é o orgulho desmedido perante a vida. Ele está presente sempre que você age como um "sabe-tudo" da existência. Ninguém nessa vida foi criado para evoluir sozinho ou para construir o papel de um ser especial dotado de intocável grandeza.

Você é autossuficiente por natureza e tem muito poder divino latente para a felicidade, mas a vida te chama em caráter intransferível para que você tome posse de sua verdade pessoal para que ela o liberte e o leve ao crescimento.

# 18 PRESTE ATENÇÃO NAS DORES MUSCULARES

Esses pontos de tensão no corpo podem criar fibroses e outros danos às cadeias fisiológicas e são também locais de aglomeração de energia estática, chamados de bolsões energéticos. Esses bolsões criam bloqueios para que os resultados satisfatórios da terapia emocional possam ser mais bem verificados pelo paciente. São entraves. Autênticos vampiros de forças.

Existem bolsões de medo, culpa, mágoa, tristeza, orgulho e outras emoções, que são perceptíveis por meio de exames da aura do paciente. No mesmo ponto em que são localizados na aura, percebe-se claramente os efeitos no campo orgânico.

Uma pessoa que tenha, por exemplo, uma dor lombar ou na coluna cervical, pode estar carregando um bolsão antigo de culpa que, com o passar do tempo, vai se transformando em um dreno de energias que acarreta esgotamento físico.

Um tratamento conjunto de fisioterapia para o corpo e terapia para a mente trazem ótimos efeitos. O método Busquet é todo realizado com as mãos e o próprio fisioterapeuta, quando dotado de sensibilidade, consegue perceber essa relação entre corpo e mente e pode orientar o paciente a entender a relação entre suas dores e seus estados emocionais.

Alguns pacientes, após a fisioterapia, apresentam nítida melhora psíquica e emocional, sobretudo no tônus energético, porque as dores musculares consomem alto índice de energia vital do corpo e do duplo etérico.

# 19 NÃO QUEIRA VIVER COMO ANJO

Que tal abandonar essa doença de angelitude e fazer coisas de gente? Vamos dar alguns exemplos:

Pague suas contas com alegria sem reclamar dos gastos que tem.

Procure indenizar a pessoa dona do carro que você esbarrou no estacionamento e ninguém viu. O que importa é que você sabe o que é certo fazer.

Pare de falar mal do síndico do seu prédio. Talvez ele esteja fazendo tudo o que está ao seu alcance.

Cuide do seu lixo com atenção e cuidado, administre sua própria bagunça depois de usar qualquer ambiente.

Quando você não sabe nada sobre algo que lhe perguntarem, encha o coração de humildade e diga: não sei!

Aceite que a "grama" do vizinho pode ser mais bonita, mas que você só tem de cuidar daquela que é sua.

Tome banho no tempo necessário, sem desperdiçar água.

Essas, entre outras inúmeras pequenas ações, te fazem grande diante de sua consciência. Vai demorar um pouquinho para você ser anjo. Enquanto isso, que tal fazer bem feito o papel que te compete como ser humano?

Os anjos já foram pessoas como você e aprenderam a fazer o melhor nas pequenas coisas. Para ser anjo, primeiro você tem que simplesmente ser gente.

# 20 CUIDADO COM O QUE VOCÊ FALA

Seguem algumas expressões que nos afastam do bem viver em função de fortalecerem nossas tendências comportamentais mais difíceis:

- Nunca vou concordar com você.

- Isso é impossível de esquecer!

- Jamais vou aceitar isso.

- Nunca vou entender isso.

- Não quero nem imaginar uma coisa dessa.

- Detesto essa pessoa.

- Não suporto esse assunto.

- Estou sempre chateado com você.

- Não suporto suas ideias.

- Você sabe com quem está falando?

- Do seu jeito não dá.

- Não te devo satisfação.

- Esse problema não tem solução.

- Ande logo, estamos sempre atrasados!

- Eu prometo.

- Deixe tudo nas mão de Deus.

- Nunca tenha medo.

- Tira essa raiva do seu coração.

- Você precisa fazer isso.

- Você não tem jeito!

- Eu te avisei!

- É, a vida é assim mesmo!

Procure por frases positivas para substituir essas e veja os efeitos saudáveis dessa troca em sua vida.

# 21 SE VOCÊ AMA, CONSEGUE DIZER NÃO

Frases educativas nos relacionamentos regidos pelo amor, nos quais as pessoas não se abandonam totalmente para cuidar dos outros:

- Agora não posso.

- Não poderei emprestar.

- Não dou conta de discutir novamente.

- Não consigo fazer.

- Sinceramente, não sei.

- Na verdade, não quero.

- Realmente, não tenho interesse.

- Não faço sozinho.

- Não vou poder.

Notou o que há de comum em todas? É a presença do "não" expressando os limites necessários para uma relação saudável. Quando você diz não, chama as pessoas para se promoverem, para realizarem e crescerem.

Quando você diz não a quem ama, está dizendo na verdade: "acredito em sua competência para resolver", "você consegue", "em você, eu acredito".

Se você diz sim o tempo todo, na verdade está dizendo "eu não acredito em sua competência para fazer isso, deixa que eu faço". Quem diz sim o tempo todo, vai fazer o que não quer, viver falsamente e sofrer muito com a mágoa.

Aprender a dizer não é essencial para sua felicidade. Se você ama, consegue dizer não.

# 22 AFIRMAÇÕES POSITIVAS

Criar afirmações positivas e usá-las é uma ótima ferramenta de programação mental na busca de seus objetivos.

Seguem três pequenas dicas:

A. Sempre faça as afirmações no tempo presente. Exemplo: "Parei de fumar e valorizo minha saúde". O inconsciente só acata programações no tempo presente ou com data pré-determinada. Exemplo: "Vou parar de fumar até 15 de novembro, às 15 horas.".

B. Nunca utilize o NÃO, porque ele não tem sentido no inconsciente. Exemplo: "Não vou mais fumar". O inconsciente só registra: "vou mais fumar".

C. Diga algo a respeito do seu objetivo e não se preocupe de não ser verdade, porque o inconsciente não registra verdade ou mentira, ele registra aquilo que você fala com intenção forte. Exemplo: "Parei de fumar e adoro cuidar de meu corpo". Mesmo que você esteja fumando, essa programação vai lhe ajudar.

O uso de afirmações positivas como prática de educação emocional vai te ajudar muito.

# 23 ANOTE AÍ: DIREÇÃO E FOCO NAS SOLUÇÕES

Não deu certo hoje?

Continue tentando. Apenas dê um tempinho, recupere as forças e recomece. Nem tudo acontece no tempo desejado e da forma como você gostaria.

Há coisas na vida que parecem amarradas para testar sua capacidade de olhar de forma diferente e descobrir novas direções na busca de soluções.

Em muitas provações da vida, nem sempre a sua energia e a sua garra são o que mais importa. Nem sempre é a força que se empreende que traz bons resultados.

Em algumas situações, a direção dos seus esforços traz mudanças mais efetivas nos resultados pretendidos. Força e garra na direção errada causam uma dolorosa sensação de frustração e impotência.

Mas fique atento. Isso não quer dizer que você não vai conseguir. Lembre-se de que recomeçar na direção certa é que vai fazer diferença.

# 24 EXERCÍCIO PARA DEIXAR A DOR IR EMBORA

Quando você engole desaforos e críticas abusivas, o seu chacra laríngeo, que se localiza na região da garganta, perturba-se e ondas de desamor a você mesmo passam a te envolver. É como se engasgar com energias ruins e perder a respiração. Isso vai te entristecer e causar um enorme desânimo.

Faça o seguinte exercício:

Feche os olhos. Respire fundo por três vezes. Repita: "Eu acolho em minha vida interior a energia do perdão, da aceitação e do amor. Deixo ir de minha vida essa experiência infeliz e as pessoas nela envolvidas." (Repita várias vezes)

Depois, visualize uma cor amarelo ouro, intensa, na sua garganta e ore agradecendo a Deus pelo dom da vida.

# 25 AUTOAMOR: OPÇÃO PELO MELHOR

Mantenha uma postura de libertação nos seus relacionamentos.

Nenhuma pessoa poderá preencher seu coração se antes você não aprender a fazer isso por você mesmo com seu autoamor. Que seus elos afetivos sejam uma escolha e não algo que está em sua vida para preencher necessidades e carências.

Fique firme, resguarde-se, cuide de você mesmo e não espere por sua realização exclusivamente por meio de outra pessoa. Você vai aprender a se amar e a ser autossuficiente. Isso é possível a qualquer pessoa que queira aprender.

Você vai se sentir feliz por estar amando a si mesmo e se, além disso, você encontrar alguém especial, será maravilhoso. Perceba que, se você não souber se amar, qualquer pessoa que aparecer em sua vida vai servir... Você quer continuar vivendo dessa forma?

Com autoamor, você irá se ligar ao melhor para você.

# 26 DECEPCIONAR-SE FAZ BEM

Já experimentou a dor da mágoa na sua vida? Saiba que ela existe para processar uma cirurgia dolorosa por meio da ofensa a fim de que você aprenda a ser mais realista e mais inteligente em suas escolhas.

A vida tem alegrias e prazeres, benefícios e vantagens, mas tem também a desilusão, que é necessária para acabar com qualquer expectativa exagerada que você tenha com relação aos seus planos, aos seus afetos e a você mesmo. Ninguém cresce e amadurece emocionalmente sem abandonar esses enganos e essas fantasias afetivas.

Aceite e aprenda que nem todo mundo é quem diz ser. Nem mesmo você é exatamente quem pensa ser. Avance para a realidade. A mágoa pode te ajudar a perceber isso.

# 27 FAÇA A SUA PROTEÇÃO ESPIRITUAL

Se você acredita que existe alguma força contra você, tome o cuidado para não ficar pensando constantemente nessa ideia, pois assim estará fortalecendo essa convicção e, por efeito, o mal que essa energia faz em sua vida.

Evite ficar viajando mentalmente a respeito de quem e por que alguém te emitiu uma má energia. Quem gasta muito tempo com isso corre o risco de estar mais interessado em vingança do que em proteção.

Procure em você a imperfeição que está abrindo a porta para a entrada do mal emitido contra você. Cuide-se, proteja-se. Pense na luz de Deus; conecte-se com as forças do bem-estar, da saúde e da prosperidade; realize o bem que puder em favor de todos e também em seu favor, pois essas atitudes são o escudo protetor mais eficaz contra essas más vibrações. Isso é o que mais importa.

# 28 NÃO SINTONIZE COM ENERGIAS RUINS

É comum, nos dias de hoje, as pessoas dizerem que estão carregadas, com energias ruins em sua aura ou com o conhecido mau-olhado.

A procura por organizações que realizam trabalhos de limpeza cresce muito e, de fato, o campo energético pessoal em uma sociedade tão materialista está sendo invadido por múltiplas fontes de forças nocivas ao bem-estar.

O que é de chamar atenção nesse assunto é que essa ocorrência seja tratada como se a pessoa que trouxe essa carga negativa nada tivesse a ver com aquilo que lhe acontece. É como se alguém desejasse o mal a outra pessoa e ela, desprotegida, ficasse submetida aos efeitos desse mal. Quase sempre as limpezas são feitas liberando a pessoa das energias sem abordar sua própria responsabilidade nessa ocorrência. E qual será a consequência disso? O trágico ciclo repetitivo das provas.

É muito fácil responsabilizar alguém ou alguma energia externa ruim. Difícil é assumir responsabilidade por coisas que, antes de tudo, só se agregam na aura por causa das escolhas pessoais. Energias nocivas só se aderem em campos propícios e férteis. Só podem ocorrer com o consentimento dos próprios sentimentos cultivados. Sempre existe em você uma porta aberta para que as forças nocivas entrem. A responsabilidade é intransferível.

Em sua casa mental só entra quem você permite.

# 29 PESSOAS QUE SE AMAM

Pessoas que se amam querem ser amadas, mas não aceitam passar por sacrifícios e dores para alcançarem esse objetivo.

Respeitam-se, querem ser respeitadas e não toleram que se repitam abusos e trapaças.

Sabem de seu valor, escolhem o melhor, e encerram seus ciclos de proximidade com quem não faça por onde lhes merecer a companhia e os bons hábitos.

Apreciam-se, querem a apreciação de quem lhes ama e evitam quem lhes tenta puxar para baixo.

Sabem se proteger da inveja e das más intenções alheias que sempre lhe querem apagar o brilho.

Representam o coração da humanidade e, quando assumem seu papel na orientação do raciocínio iluminado e do amor, tornam-se o farol que orienta os rumos para caminhos de grandeza e de superação nas lições da vida.

Se o autoamor ainda não faz parte de sua vida, reflita sobre as posturas acima e busque torná-las uma realidade em sua vida.

# 30 DO QUE VOCÊ REALMENTE PRECISA?

Nos dias atuais, quase todas as pessoas estão procurando conselhos e orientação com os amigos, em livros, nos templos e nas redes sociais, porque passam por momentos de sofrimento sem saber o que fazer. Entretanto, é preciso constatar que muitos, na verdade, estão precisando de terapia para tomar consciência das necessidades emocionais e psíquicas profundas que precisam de tratamento.

Os conselhos são muitos bons. Podem ampliar o discernimento e construir um novo olhar sobre os problemas e desafios. A terapia, por sua vez, contém uma proposta mais profunda: a de te auxiliar a ter um olhar curativo para comportamentos doentios que o aprisionam. E com esse olhar você edifica sua cura.

Quando recebe um bom conselho, você se sente melhor, pode criar uma mudança naquilo que o aflige, mas se o assunto for mais sério, se as raízes de sua angústia pessoal forem mais profundas, será necessário um trabalho especializado caso você queira realmente se libertar.

Fique atento aos resultados dos conselhos em sua vida. Se o assunto voltou, se a dor começou a incomodar novamente, é porque eles serviram apenas para aliviar. Busque então o recurso fundamental do autoconhecimento que uma terapia pode proporcionar.

Tenha coragem e invista em você mesmo. Se conhecer, vai te libertar. Quem tem de querer é você.

# 31 DEIXA A VIDA ACONTECER

A necessidade de controlar tudo tem causas sutis e difíceis de serem examinadas. É algo que pode te adoecer sem que você perceba e causar um elevado nível de ansiedade.

Uma das prováveis razões da necessidade de controle é o medo. Algumas pessoas desenvolvem hábitos perfeccionistas de controle por conta do medo da frustração, da rejeição, da solidão, da traição, das perdas, etc.

Um pouco de controle é sempre bem-vindo, mas, quando perturba sua vida e afasta você da realidade, isso precisa ser revisto e pode necessitar de tratamento.

Pense nisto: o que é seu ninguém tira e o que tiver de vir, com certeza virá. Solte-se, deixa a vida acontecer. Se for bom para você e se for seu, você vai encontrar.

# 32 VOCÊ ESTÁ EM TERAPIA OU APAGANDO INCÊNDIO?

Terapia é reconstrução. Você pode estar na terapia, mas pode não estar em terapia. Vai ao consultório, mas não entra em processo psicoterapêutico. Nessa circunstância, você está na terapia "apagando incêndio". Está em um momento de tanta pressão e conflito que os encontros com seu terapeuta se traduzem em alívio. Isso, necessariamente, não é um problema. Tudo depende muito da habilidade do terapeuta em saber conduzir essa necessidade para níveis mais úteis na proposta da terapia.

Mesmo que você esteja "apagando incêndio", faça terapia. A primeira iniciativa quando sua casa mental está pegando fogo é mesmo apagar as chamas destruidoras, para depois começar a reconstrução. Não existe mesmo muita chance de reconstruir algo em pleno clima de guerra e tormenta.

Somente quando você começar a sua reconstrução psíquica e emocional é que as causas do incêndio poderão ser diagnosticadas. A terapia é essa arte de encontrar qual foi a fagulha que provocou o fogo. Conhecendo-a, você se torna apto a evitá-la, zelando cuidadosamente pela preservação de sua vida interior.

# 33 APRENDA COM A SUA RAIVA

Sabe aquela raiva que você sente quando alguém ultrapassa algum limite com relação a você? Ou então quando alguém pede emprestado algo que é importante para você e depois não te devolve?

Essa raiva acontece para você colocar limites, condições e acordos que te protejam de futuros e maiores abusos nas relações.

Quando você não faz isso, seja por qual motivo for, a sua raiva vira medo e mágoa. Isso é necessário para sua defesa pessoal.

Da próxima vez, quando a mesma pessoa cometer outro abuso e você não estabelecer um limite, essa pessoa já será mais incisiva, mais desrespeitosa e mais exigente, porque percebeu que você não sabe se negar a fazer o que não quer.

Quando você evita dizer não para alguém, de forma sutil está enviando uma mensagem de que estará sempre disponível, e essa pessoa passará a te manipular e te explorar.

Negue-se a fazer o que não é bom para você. Amor de verdade tem muito mais a ver com desagradar do que agradar as pessoas que amamos.

E lembre-se: a raiva é um grito da sua alma querendo te defender. Aprenda a usá-la a seu favor. Há milhares de maneiras de se proteger. Uma delas, talvez a principal, é não estar sempre disponível.

Quer saber? Emita um aviso para quem você ama: "De hoje em diante serei alguém diferente. Nem melhor nem pior, apenas diferente. Acostume-se.".

# 34 SEJA UMA BOA COMPANHIA PARA VOCÊ

Solidão não é ausência de pessoas à sua volta. Solidão é quando você se abandona para atender crenças falsas sobre felicidade e amor. Uma dessas crenças é a de que, para ser amado, você tem de agradar a todos. Esse é o caminho da depressão e da dor.

Você já ouviu alguém dizer para outra pessoa: "minha vida é você"? Enquanto o eixo de sua sustentação psicológica e emocional for outra pessoa, a sua vida estará sempre ameaçada, pois o medo da perda vai rondar seus passos a cada minuto.

Essa instabilidade ocorre porque ninguém é de ninguém, ninguém vai viver para sempre ao seu lado, e a vida está a todo instante solicitando que você aprenda a amar se desapegando, sem exigir, sem cobrar mudanças, sem esperar reter quem ama exatamente do jeito que você quer.

Enquanto você gasta energia para prender seus afetos, o coração vai só apertando, a garganta vai sufocando, a cabeça vai perdendo a razão.

Que prova de amor maior pode existir que aprender a bancar seus próprios sentimentos, ser boa companhia para si mesmo, gostar do que é e do que faz?

Não há solidão que resista a esse autoamor.

# 35 CARÊNCIA: EVITE ESSE TERRITÓRIO

Muitas pessoas sofrem de uma doença chamada carência. Para falar a verdade, está difícil alguém aqui nessa Terra que não sofra dessa dor.

Carência é falta de algo de que se precisa. Hoje em dia, falta de amor, sobretudo.

Para suprir essa falta, o carente usa um mecanismo sombrio de defesa: adotar pessoas que o tratem melhor que eles mesmos se tratam.

Nessa perspectiva sombria, adotar significa salvar, tomar conta e ter controle sobre tudo na vida do outro. Tudo com um único objetivo: receber em troca o amor dessas pessoas.

A adoção dessa dinâmica leva a uma relação humana tóxica e repleta de fugas que trazem mágoa, tédio e amargas dores ao relacionamento.

Cuidado com a carência. Ela te faz ver amor onde não existe.

Todo ser humano foi criado com riqueza e luz interior. Para suprir sua carência, será fundamental conhecer melhor o mapa de seu coração. Nele você encontrará territórios ainda não explorados e que vão te alimentar e servir de ninho acolhedor para suas necessidades.

Seu coração é seu tesouro e sua fonte de autorrealização.

# 36 A INVEJA PODE TE MOSTRAR MUITA COISA BOA

Todo sentimento pode ser muito saudável quando aprendemos a usá-lo com sua função curativa e iluminadora.

Inveja é muito importante para a sanidade humana. Você pode não ter consciência da sua inveja, mas que a possui isso é certo.

A inveja faz parte do grupo dos sentimentos impulsionadores. Sua função luminosa é a motivação para buscar ser ou fazer o que pode melhorar seu desempenho e sua criatividade.

Quando você inveja a criação de alguém, esse sentimento está te dizendo: "Você pode também", "Você também consegue", "Há algo que essa pessoa fez que tem tudo a ver com você".

A inveja é uma indicadora sutil de talentos ou necessidades. Se você vê algo bom em alguém e isso te causa inveja, pergunte para ela: "Amiga inveja, o que você está me mostrando nessa pessoa que eu também tenho e não vejo? É um talento ou uma necessidade que eu preciso rever para alcançar resultados semelhantes ao que ela faz ou ao que ela é? Inveja, o que você quer me dizer por eu estar me sentindo mal com a atitude arrasadora dessa pessoa? Será que eu também posso chegar onde ela chegou? Como?".

Faça contato com sua inveja, aprenda com ela. Inveja só é ruim para quem aprendeu que ela é um mal ou para quem não quer fazer um contato luminoso com ela.

A inveja pode se transformar em inúmeros sentimentos que constroem o crescimento, assim como pode se tornar a raiz de muitos males, quando não somos educados para saber como usá-la para o bem.

# 37 ESTAR INFELIZ PODE TE LEVAR A MUDANÇAS

Estou mal, mas sob controle!

Essa frase, quando dita com consciência da realidade pessoal, traduz consciência de si, noção de limite, honestidade emocional e nível de maturidade emocional.

A tristeza e a infelicidade podem expressar incerteza sobre que rumo você deve seguir e desorientação a respeito do que se passa na sua vida emocional e mental.

Entretanto, se você busca um maior nível de consciência emocional, eles podem ser indicadores de que algo precisa ser reajustado ou reorganizado internamente. A dor é a mesma, porém, o significado que você dá a ela muda tudo.

Ser feliz não é sinônimo de ausência de problemas ou de tristezas, e sim ter convicção interna de que, apesar do momento mais tumultuado na sua vida, você sabe onde tem de chegar e para onde deve seguir, a fim de retomar posse da estrutura que orienta o seu viver.

Furacões, tempestades, terremotos e catástrofes geológicas cumprem funções corretivas para equilibrar a natureza e os ecossistemas.

Da mesma forma, os abalos e desordens emocionais têm finalidades saneadoras e promotoras de crescimento por meio da formação de uma visão mais apurada dos acontecimentos e de si mesmo.

Aprender o que fazer com o choque da mágoa, com a fúria da raiva, com a chuva ácida da inveja, com o *tsunami* do orgulho, com a tormenta do medo, com o vendaval da culpa e com o incêndio do ódio é fundamental para uma vida equilibrada e produtiva, sadia e com qualidade.

Para adquirir esses recursos, ser dono de sua natureza interna e aprender a lidar com ela é preciso experimentar uma proposta de vida que vá além de trilhar os caminhos do autoconhecimento. É preciso buscar a autotransformação na prática usando tudo aquilo que você conhece sobre si.

Autoconhecimento sem autotransformação é apenas a metade do caminho para a felicidade.

Nem sempre ser forte o tempo todo significa um caminho luminoso. Conheça as suas fraquezas e aprenda a lidar como elas.

# 38 FAÇA AS PAZES COM SUA TRISTEZA

Não existe nenhum sentimento dentro de você que não tenha uma função sublime e criativa. O que falta é educação emocional para saber como lidar com o que acontece no coração. A tristeza, por exemplo, é um sentimento fantástico! É um mecanismo da alma que nos dá preciosos alertas.

A tristeza surge, principalmente, diante de perdas e contrariedades. Ela dói, mas ao mesmo tempo é um recado para você dizendo: "Adapte-se, olhe para a realidade.".

Diante das perdas, a adaptação significa recomeço e retomada do ato de viver. Diante das contrariedades, a adaptação significa que você tem alguma lição a aprender para seu crescimento.

Assim que acontece a adaptação, a tristeza vai embora. Legal, não é? Se ela não acabar, provavelmente seu processo de adaptação está falho ou não está acontecendo. Ela só permanece ou aumenta quando não existe ajustamento à realidade do que ela quer ensinar ou quando você não quer aceitar o que ela está lhe mostrando.

Quando você estiver triste, pergunte a ela: "A que preciso me adaptar? O que não estou querendo enxergar sobre a minha vida, mas preciso? Qual a realidade que estou negando para ficar tão triste?".

Faça as pazes com sua tristeza, ela quer e pode te ajudar.

# 39 FIQUE DE OLHO NO ESTRESSE

Não será exagero chamar o estresse de febre da mente. A temperatura sobe muito nesses períodos. O cansaço aparece de forma arrasadora.

Os estímulos estressores, de forma sutil, incentivam o corpo a preparar-se para uma luta diante das dificuldades, criando a "fadiga de combate.".

Estresse acontece com crianças, com adultos e com animais, mudando a rotina da vida para níveis difíceis de superar.

Anote uma pequena lista de formas de manifestação do estresse para que você possa fazer sua autoavaliação:

- O sono alterado que não te permite uma noite de refazimento. Você acorda cansado.

- Surge a sensação de que você não produz nada durante seu dia de trabalho, mesmo tendo dado tudo de si para isso. Diminuição de rendimento na escola, no trabalho e na vida pessoal.

- Ocorrem algumas possíveis reações físicas: formigamentos, bruxismo (ranger dos dentes durante o sono), dores na coluna, surgimento de alergias, gastrites e enxaqueca, entre outros.

- Há um desequilíbrio energético em três chacras: o solar, que é o chacra da vitalidade, causando as várias perturbações das áreas gástrica e intestinal; o laríngeo, que é o chacra do relacionamento, criando campo para rinites, sinusites e inflamações diversas; o frontal, que é o chacra do discernimento e da concentração, levando a várias alterações na percepção e nos raciocínios.

- A sua criatividade e concentração diminuem, impedindo soluções rápidas para problemas corriqueiros, gerando adiamento sistemático das tomadas de decisão.

- Você não tem vontade de se divertir porque falta energia até para sair com amigos ou família.

- Há um aumento acentuado da sensibilidade a sons e sensações, o que traz maior irritabilidade e dores físicas.

- Sua ansiedade cresce em função de todas essas mudanças citadas, aumentando as chances de uma alimentação exagerada.

- A preocupação com as contas cria um nível alto de exigência a respeito de seu rendimento profissional para alcançar uma melhor economia.

- Há um aumento da inquietação mental, alterando o metabolismo energético responsável pelo bem-estar.

- Surge uma nítida sensação de que você não vai suportar a pressão e, consequentemente, há um aumento da tristeza.

- Você cultiva muita culpa por não ter feito o quanto gostaria.

- Há um aumento no uso de substâncias tóxicas com intuito de diminuir os efeitos estressores.

# 40 O QUE FAZER DE BOM COM A CULPA

Você aprendeu que a culpa aparece quando se comete algum erro. E, quando não se sabe o que fazer com ela, surge o estado de remorso, ou seja, você fica dolorosamente ruminando o comportamento infeliz.

Entretanto, a culpa é um sentimento que tem propósitos luminosos, e não punitivos. Ela é um indicador de que você precisa rever algo, não o erro em si, mas as crenças que orientaram a ação indesejável daquele erro.

Em verdade, o sentimento que propõe revisão do erro chama-se responsabilidade, que é a necessidade de você responder pelo efeito de suas ações. A culpa é outra coisa, é uma amiga de mãos dadas com a responsabilidade, cuja função é revisar a sua forma de pensar e a sua perspectiva sobre algum comportamento reprovado pela consciência. Isso ajuda muito a não repetir o mesmo comportamento.

Quando você sentir culpa, pergunte: "Culpa, o que você quer me mostrar a respeito do meu erro? O que eu preciso mudar na forma de pensar? Que crença eu preciso reciclar a respeito do meu ato?".

Culpa é um sentimento amigo e pode te tornar mais maduro e consciente.

# 41 LIMPE A MÁGOA DA SUA AURA

Aquela raiva que você tem de alguém e não sabe o que fazer com ela transforma-se em mágoa. Essa mágoa é uma energia que envolve toda a sua aura, como se você se amarrasse com arame farpado, ferindo-se o tempo todo. Além disso, esse campo energético da ofensa ainda te prende ao ofensor e rouba sua força espiritual.

Perdoar é fazer um bem a você mesmo. É limpar sua aura do lixo que o outro jogou em você. É também conscientizar-se do que você fez para aceitar o lixo alheio.

Essa educação emocional consiste em dar um significado terapêutico ao perdão. Perdoar é antes de tudo compreender como você se magoa, de que forma uma pessoa consegue te atingir e provocar uma dor. Ao se fazer esse exame do comportamento, percebe-se claramente inúmeras fragilidades na estrutura psíquica e emocional do magoado, que necessitam de reconstrução. A partir disso, fica bem claro que o perdão não significa resolver uma dor interior com quem te ofendeu, e sim com a ofensa que está dentro de você.

A maioria das pessoas não tem conseguido bons resultados com o perdão porque acreditam que essa atitude significa esquecer o que aconteceu. Perdão não tem nada a ver com amnésia. Perdão é melhorar sua capacidade de enxergar como você necessita aprender a aceitar o jeito de ser das outras pessoas.

# 42 ROUBO DE ENERGIA

Essas são as quatro principais emoções que, quando mal orientadas, são tóxicas e abrem vários chacras para que sua energia seja roubada:

A. O medo – principalmente o medo de perder.

B. A culpa – principalmente as culpas por atos intencionais.

C. A tristeza – principalmente quando acompanhada pela revolta.

D. A raiva – principalmente quando seguida de atitudes agressivas.

Cada uma dessas emoções, quando tomam conta de sua vida emocional provocando sofrimento, alteram a rotação dos chacras para mais ou para menos.

Por exemplo, quando o medo de perder é muito agudo, ele pode acelerar a tal ponto o chacra solar (na região do umbigo) que ele vai causar repercussões no chacra frontal (entre os olhos). O frontal alterado vai prejudicar a sua capacidade de percepção e julgamento dos acontecimentos da sua vida. O resultado disso é um aumento acentuado da preocupação e o surgimento de um alto índice de ansiedade que vai levar você a uma desvitalização energética.

Para você se proteger de roubos energéticos, procure realizar um trabalho de educação emocional para aprender a conviver pacificamente com essas e outras emoções.

Trabalhar na relação do campo energético com o emocional é como trazer o espiritual para perto da nossa realidade material. É atingir dimensões invisíveis que estão à nossa disposição para investigar e atuar.

# 43 NÃO FIQUE NA FILA DOS MAGOADOS

Em uma relação, o perdão não é necessariamente para com o outro. Perdoar é realizar uma limpeza interior com o lixo emocional da ofensa que adoece o seu coração.

Culturalmente, o ofendido assume o papel de vítima. Entretanto, ninguém é vítima em uma relação de ofensa. Existe o ofensor, que é um agressor, e existe o ofendido, que é um descuidado. Se você abre mão de examinar onde se encontram seus descuidos para ter sido magoado, a mágoa não vai embora e se transforma em ressentimento.

E, diante dessa ignorância emocional sobre o significado educativo da mágoa, muitas pessoas usam conceitos espíritas para justificar comportamentos de passividade diante da ofensa, mantendo relações destrutivas de exploração e desrespeito, como se fossem obrigados a passar por isso em razão de dívidas de outras reencarnações, em um carma que precisa ser resgatado. Que resgate insano é esse que não educa? Que resgate cármico é esse que não melhora o ofendido nem o ofensor?

O que os espíritos têm nos mostrado é que negar essa dor emocional pode levar você para o mundo espiritual, após o desencarne, na condição de doente grave. Existem filas de magoados no mundo espiritual aguardando tratamento e terapia.

Se um dia realmente valer a pena reatar laços de amizade e respeito com seu ofensor, esteja certo de que isso só será possível quando você trabalhar a dor da ofensa, limpando-a de seu coração. Perdoar não é esquecer o que aprendeu com a ofensa. Perdoar é lembrar o aprendizado que teve com a dor e não sofrer mais com o que aconteceu. Se você esquecer, corre enorme risco de ser magoado novamente.

Ser feliz ou infeliz é sempre uma decisão sua.

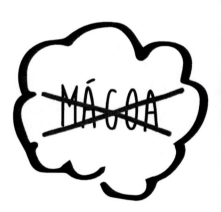

# 44 NÃO DEIXE O REMORSO TE FAZER PERDER TEMPO

O remorso só pode ser resolvido quando você o transforma em arrependimento, isto é, quando para de remoer sentimentos e parte para a atitude. Remorso é o estado de quem se culpa por algo que fez. Algo que só pode ser mudado com ação, tendo postura diante do que fez ou deixou de fazer, isso é o arrependimento.

A sensação de tempo perdido é algo que você precisa acolher com carinho e amizade a si mesmo. Nesse processo, manifesta-se a frustração, e a ação para dissolver esse sentimento é aceitar que você fez más escolhas para que essa aceitação o conduza ao autoperdão.

Aceitar significa entender que ninguém passa pela vida somente tirando nota dez, acertando em tudo ou alcançando tudo que gostaria e planejou. Errar também faz parte do aprendizado. Há decepções e surpresas pelo caminho. E o mais importante diante do erro é aprender o que ele te ensinou para não repetir a ação inadequada novamente.

Se você fica só no remorso e na sensação de tempo perdido, não avança para melhores e mais realizadoras experiências na vida.

Use o que você aprendeu. Reconstrua suas oportunidades de crescimento e acerto. Descubra que, quanto melhor você se relacionar com seus erros, mais perto vai estar de se dar bem com você mesmo e de se preparar para aprender mais.

# 45 RECICLE O CANSAÇO. VAI SER ÓTIMO!

"Estou muito cansado!". Já notou como você usa muito essa expressão?

Essa frase piora o cansaço e reafirma para sua mente que você está nesse estado e a mente reforça o que você diz, criando uma defasagem energética e a rotação mais lenta em alguns chacras. O resultado disso é uma diminuição na absorção de energias revitalizadoras.

A frase "Estou cansado!" pode também expressar um apelo de carência e atenção para você. O cansaço chega ao ponto de criar um quadro de carência quando alcança o nível de estresse.

Vamos ver algumas formas de falar a mesma coisa, mas criando uma programação mental mais otimista e não indutora de mais cansaço. Quando alguém perguntar: "Como você está?", diga:

"Precisando de umas boas férias.", "Em um bom momento para descansar.", "Estou bem e querendo uma boa pausa para seguir em frente.", "Contando com alegria os dias para as minhas férias chegarem.", "Querendo renovar e ampliar minhas energias.", "Estou bem e buscando me refazer.", "Estou pertinho do meu momento de relax.".

De preferência, use tais frases com um sorriso e alegria. A mente adora sorrisos. O segredo é usar frases que falem da parte boa, daquilo de que você precisa para se refazer do cansaço.

Crie suas frases otimistas e indutoras de bem-estar, mesmo que esteja cansado. Você vai perceber que isso ajuda a passar o momento de desgaste sofrendo menos os impactos do cansaço no corpo e na mente.

# 46 SAIBA LIDAR COM SUAS PERDAS

As separações afetivas pela morte ou por quaisquer outras formas que aconteçam causam muita dor emocional. Essa dor chama-se sentimento de perda. A humanidade deveria ser mais bem preparada para lidar com perdas e frustrações.

Ao longo da vida, o processo de perda começa com o nascimento, saindo do ninho da barriga da mãe, e só termina ao morrer, com a perda do corpo físico.

Existe uma perda que possivelmente é uma das mais dolorosas no campo do relacionamento humano. É a perda da idealização a respeito das pessoas que você ama. É uma morte psicológica do modelo mental que você construiu em sua imaginação sobre alguém de quem gosta muito.

Essas perdas te obrigam a sair de uma zona de acomodação na relação com essa pessoa, em busca de equilíbrio e segurança mais próximos da realidade. A dor da mágoa também serve para isso. Vai lhe permitir ter uma noção mais realista das pessoas, especialmente daquelas com as quais você guarda vínculos afetivos. É uma convocação inadiável para lançar um olhar mais verdadeiro sobre o que seja amar.

Mágoa e perda andam bem juntinhas. Promovem uma limpeza nos porões do engano e da ilusão, para que você amadureça e avance para o legítimo amor e construa uma visão mais autêntica e realista da vida.

# 47 VIGIE SUAS CRENÇAS

Algumas crenças que podem levar você à depressão:

- Ficar ressentido com o passado.
- Ser ansioso com relação ao futuro.
- Ter apetite pelo que você não vê.
- Sentir insatisfação com o que vê.
- Sentir culpa.
- Ter a necessidade de acertar sempre.
- Esquentar a cabeça porque a vida está difícil.
- Ter de ser forte.
- Ter de ser sempre agradável com todos.
- Ter de ser rápido.
- Estar ocupado o tempo todo.
- Ter de ser perfeito.
- Não poder ser feliz sozinho.
- Um problema que não tem solução.
- Uma dificuldade que é insuperável.

Vigie suas crenças. Cuide-se e comece a mudar seus programas mentais e seus hábitos em seu próprio favor. Essas mudanças são possíveis e trarão uma visão mais otimista de você mesmo e da vida. Descubra que você é capaz de construir a sua felicidade.

# 48 TENHA CUIDADO COM OS JULGAMENTOS

Você será julgado e reprovado a respeito de suas condutas e formas de pensar por parte de pessoas que você não esperava que fossem adotar essa forma de agir.

Nem todos estão aptos ou querem entender suas razões e intenções e, por isso mesmo, farão juízos apressados e injustos. Isso, de certa forma, é comum e até você pode fazer isso com alguém.

O que há de mais sutil nos julgamentos é o seu funcionamento psicológico. Entender isso vai te orientar em relação a como lidar com esse comportamento em si e nos outros.

O ato de julgar na relação humana implica três movimentos emocionais e psíquicos:

A. A percepção de quem julga é inegavelmente incompleta e parcial. Ninguém consegue entrar no mundo íntimo do outro e radiografar com exatidão as raízes de uma conduta.

B. Ocorre a projeção de necessidades, a qual expressa, na acusação do outro, a existência de algo que faz parte do conjunto de assuntos ainda não resolvidos completamente na vida interior de quem julga.

C. A acentuação da inveja é talvez o movimento mais presente no julgamento. O ato de acusar pode ser considerado como uma válvula de escape para o incômodo emocional que a vida de alguém gera em outra pessoa.

Pensando bem, quem te julga faz isso porque está precisando entender dentro de si qual a razão de sua vida pessoal estar incomodando tanto a ela a ponto de ter que sentenciar você.

Essa reflexão também serve para quando você julga os outros.

# 49 ACEITA QUE DÓI MENOS!

Se você está sofrendo com os encontros e desencontros nos seus relacionamentos e mesmo assim está investindo neles, parabéns, você é um vitorioso. Sabe por quê?

Porque só quem realmente quer encarar a realidade passa pela dor da adaptação. Quem não quer adaptação, está levando a vida sem investimentos significativos no campo do crescimento pessoal, ou está se comportando de maneira irresponsável para com seus afetos.

Tristeza, decepção, mágoa e outras ocorrências dolorosas da convivência acontecem para chamar a sua atenção para o que precisa de adaptação, de mudança ou de ajuste. Dói, porque você tem algo a aprender com a verdade, para que usando a honestidade emocional, abandone o venenoso costume de idealizar as pessoas que são importantes em sua vida e o que elas deveriam ser ou fazer de acordo com o que você acredita que seja o melhor.

A superação sobre as dores dos relacionamentos acontece quando se perde a idealização em relação a quem se ama.

Entretanto, perder a idealização implica abrir mão dos ganhos secundários que te mantém ligado a alguém. Quando se destrói a idealização, destroem-se também as supostas e ilusórias vantagens em continuar ao lado de alguém apenas por interesses atendidos. Quando morre a idealização, o amor encontra o caminho na relação.

Essa dor da adaptação vai te tornar mais forte, mais vivo, mais maduro, e vai diminuir, adiar ou até anular suas chances de ter uma doença física. Pessoas que não querem acertar sua mente com a realidade dos relacionamentos estão em fuga, e quase sempre a saída da mente é jogar isso no corpo de forma drástica e adoecê-lo.

Amor pede verdade. Amor legítimo só existe à luz da realidade. Quando você para de mentalizar como deveriam ser seus amores e o que eles deveriam fazer, passa a aceitá-los como são e, inevitavelmente, a amá-los com coragem para expressar o que pensa sobre eles, com alegria para desfrutar da companhia deles e com amor para que os seus laços realmente possam valer a pena nessa vida.

A verdade dói, mas também cura e liberta.

# 50 APLIQUE O AUTOPERDÃO E PROSSIGA

Você vai ofender pessoas que não gostaria de ferir. Vai ferir sem intenções de machucar. Isso já é algo muito duro de ser bem resolvido no coração, mas não é o pior.

O pior é o julgamento que o ofendido e outras pessoas da sua convivência vão fazer de sua atitude.

Por conta de um erro, vão te julgar como se você fosse somente aquilo que fez. Seu conceito vai cair diante deles.

Fique sabendo de uma coisa: é bem provável que a vida não te permita refazer, por agora, a harmonia com essas pessoas. Pode ser que a única alternativa que a vida vai te conceder nesse momento seja resolver no seu íntimo esse acontecimento.

Então levante sua cabeça e olhe para você mesmo de frente, com olhos de quem quer enxergar a melhor parte que tem. Faz parte das lições da vida errar e acertar. O que você não pode é abrir mão de se autoperdoar e seguir em frente fazendo o seu melhor.

A vida se encarrega, com o tempo, de colocar tudo no lugar para o bem de todos.

# 51 SEU CARMA O FAZ CRESCER

A pergunta é esta: que noção insensata é essa sobre carma segundo a qual você tem que ficar aos pedaços ao lado de alguém para resgatar uma dívida?

Muitas vezes você não está dando conta de si mesmo, de ficar de pé perante suas lutas mais íntimas, e acham que você vai salvar, mudar ou resgatar o outro. Essa não é uma visão sensata de carma.

O carma só se cumpre e se encerra quando você se coloca diante das provações em boas condições para superá-las. Carma não significa sofrimento, significa aprendizado.

Quando não existem essas boas condições, isso não se chama carma, e sim, falta de amor a si mesmo. É você querendo resolver coisas que, pelo menos por enquanto, estão acima de suas forças e competem aos outros resolver.

Quando você aprende a aceitar e perdoar a si mesmo, você se acolhe no ritmo da compaixão. Essa energia muda toda a sua forma de ver a vida, as pessoas e os problemas, proporcionando a você melhores condições de enfrentar os desafios.

Carma não tem nada a ver com pagar algo ruim, e sim com construir algo de bom dentro de você. Quando você aprende o que tinha de ser resolvido dentro de você com relação às dores da convivência com filhos, cônjuges, colegas, vizinhos, trabalho e família, e passa a ter uma nova forma de olhar e agir diante de tudo que acontece à sua volta, o carma se cumpre.

Carma não é com o outro, mas com aquilo que você precisa resolver dentro de você na relação com o outro.

Vivendo seu carma com sabedoria você vai se conhecer melhor e caminhar com mais segurança.

# 52 SEU CARMA É TUDO DE BOM!

Carma não acontece na sua vida hoje porque você fez algo errado em outra vida ou nessa mesma. Carma é o aprendizado que você necessita fazer para sair de uma situação que você mesmo criou contra as leis naturais do bem e da luz.

Se você prejudicou alguém, isso não significa que tenha que passar exatamente pela mesma dificuldade para aprender. Significa que você fez algo que não foi bom porque quis assim, ou não sabia como fazer melhor ou não tinha maturidade suficiente para entender. Nessa situação, a culpa aparece para te conduzir em caráter irrevogável a aprender o que necessita para não repetir aquele equívoco. Você responde pelas consequências de suas ações dentro de você mesmo.

A vida, inclusive, vai te colocar nas condições mais apropriadas para aprender o que você precisa e isso se chama planejamento reencarnatório. Carma é outra coisa.

Tem muita gente achando que planejamento é carma, mas não é. Carma é o que você é obrigado a aprender diante daquilo que o planejamento orienta e proporciona.

Por essa razão, a forma como você reage às experiências da vida é que expressa o seu carma; aquilo que te obriga e te aprisiona apenas com o objetivo de fazer o aprendizado que vai tirar você de alguma condição interior angustiante e dolorosa.

Aquilo que é difícil para você superar dentro de você é o seu carma. É uma convocação para ir à luta e aprender algo que vai te libertar.

Carma não é com os outros. Carma é com você. Planejamento reencarnatório é com os outros.

Carma não é castigo em relação aos outros. Isso são condições para seu aprendizado. Carma é absorver a lição.

# 53 QUEM TE ACUSA, PEDE SOCORRO

Acusação é algo muito comum no comportamento humano. No entanto, é uma atitude de efeitos extremamente nocivos às relações. Dentre eles, destacamos a sobrecarga emocional que rege as relações nessas circunstâncias. Quem assume a postura de acusar e cobrar, muito frequentemente está sobrecarregado com deveres impostos por seus relacionamentos, sejam eles profissionais, religiosos, familiares ou sociais.

Algumas vezes, a sobrecarga é decorrente da excessiva disponibilidade com que se entregam na relação, e isso é o problema de se oferecer demasiadamente aos outros. Outras vezes, a sobrecarga acontece porque alguém pode mesmo estar faltando com seus deveres perante os que cobram, criando assim um desequilíbrio exaustivo na relação.

Quem acusa e cobra está vivendo um desespero silencioso e cruel, um estresse emocional. No fundo, estão pedindo socorro, ajuda e compreensão.

Confrontar ou justificar-se diante dos que lhe cobram um acréscimo de dedicação e participação é a pior estratégia de relação humana.

Use a seguinte pergunta para os que te cobram e te acusam: "Do que você está precisando? Existe algo de minha parte que pode ser melhor?".

Você verá que o cenário pode tomar rumos diferentes e surpreendentes!

# 54 FAZER TUDO NÃO É UMA PROVA DE AMOR

Se você se torna muito disponível na relação, acreditando que, para ser amado, tem de agradar o tempo todo, repense sua atitude. Não barganhe o amor alheio fazendo coisas que não gostaria de fazer.

A disponibilidade excessiva, em qualquer relação, é o caminho da submissão, da cobrança e da mágoa.

Se você oferece demais, espera muito. Vai além dos limites, exigindo muito de si e dos outros. Assim, você desequilibra seus relacionamentos.

Fazer tudo para quem você ama não é uma prova de amor, mas de controle e medo de perder.

Quando você estraga seus relacionamentos com disponibilidade excessiva, poderá ser manipulado, decepcionado e ignorado, incentivando, em quem você ama, a acomodação, a incompetência, e a ausência de limites.

Amor é doação recíproca, é força que não controla, é energia que estimula o retorno da melhor parte de quem você ama, que volta espontaneamente, em forma de carinho, atenção e atitudes luminosas.

Se você realmente ama, apenas cuide do seu amor. Simples assim!

# 55 ADAPTE-SE À REALIDADE

As pessoas são como são. O fato de amá-las não significa que elas tenham de se adaptar ao que você espera delas. A vida e as pessoas não serão o que você gostaria que fossem.

As idealizações a respeito das pessoas podem acarretar severos prejuízos na convivência.

Ter expectativas é sadio. Esperar algo de quem se ama tem um lado positivo. Mas seja realista e aceite o fato de que nem sempre as coisas vão acontecer como você quer.

Acostume-se com essa realidade para aprender uma lição fundamental do amor: é necessário amar sem cobranças e sem mágoas.

# 56 É PRECISO SER AMIGO DE VERDADE

Amigo de verdade é aquele que caminha ao seu lado, auxiliando-o a carregar o fardo das suas lutas interiores. Ele apoia, incentiva e corrige firmemente quando necessário. E o mais importante: amigo de verdade faz você se sentir melhor, faz você voltar ao seu eixo e ri com você dos acontecimentos que o abateram.

Essa forma de agir é muito diferente daquela em que a pessoa, a pretexto de ser amigo, age fazendo você sentir-se envolvido em uma péssima energia.

Amigo de verdade sabe penetrar na sua alma e retirar de lá o seu melhor.

Amigo! Ah, que coisa boa!

Dizer que é amigo e ser amigo são coisas bem distintas.

Agora, se você quer pessoas amigas na sua vida, seja assim também para com elas.

# 57 DISPONIBILIDADE DEMAIS ATRAPALHA

Existe uma doença terrível chamada "a morte do sonho". As pessoas que sofrem dessa enfermidade vivem sem alimentar sonhos de progresso e realização pessoal. Minguaram diante de provas e lutas que não quiseram ou não souberam como superar.

Uma das razões mais comuns para a morte do sonho pessoal é quando você começa a viver o sonho das pessoas que ama e diz: "Minha vida é viver por eles!". Em primeira análise, isso parece ser muito virtuoso, mas quando é feito com autoabandono é caminho para o adoecimento.

Uma pessoa que se entrega a essa atitude de sonhar os sonhos dos outros é alguém que vai se colocar com excessiva disponibilidade nas suas relações, o que quase sempre termina em relações de abuso e desrespeito.

Se você é muito disponível e quer ser ou fazer tudo para as pessoas de quem gosta, em verdade, está enviando a eles uma mensagem subliminar muito perigosa do tipo: "Eu não acredito na sua habilidade para isso." Diante dessa atitude, as pessoas se acomodam e reagem das formas mais infelizes para a saúde do relacionamento, seja na família, na profissão, na vida conjugal ou na sociedade.

O equilíbrio da vida está em você amar e também promover condições de convivência que alimentem suas necessidades de ser amado e desenvolver o autoamor. Sacrifícios constantes não são, necessariamente, provas de amor e podem estar alimentando a preguiça e a irresponsabilidade das pessoas.

Pare de ser disponível e deixe as pessoas se virarem e responderem por si mesmas. Você só responde por você.

Será que vai precisar "passar dessa para uma melhor" para aprender isso?

# 58 A VIDA PERMITE ESCOLHAS

Em seus relacionamentos, escolha pessoas que o ligam ao melhor que existe em você. Tenha cuidado com as que insistem em tirar você do seu eixo.

Procure por pessoas que semeiem a força e a esperança e te ajudem a perceber que haverá dias melhores para colheitas mais fartas.

Busque quem tem tempo para você e use esse tempo para aumentar sua motivação diante das faltas e dos deslizes. Evite aquelas que só o veem pelas grades do julgamento.

Tente encontrar aquelas que ajudam você a perceber que seu medo é apenas uma ponte para novas realidades e dizem assim: "Atravesse essa ponte. Eu estarei lá, na outra ponta, te esperando".

Cultive elos com quem se doa a tal ponto que suas angústias sejam menores e seus sorrisos sejam mais intensos.

Procure por pessoas divertidas, que brincam, que levam a vida como uma criança madura.

Escolha quem usa rodos para empurrar suas tempestades de dor para bem longe.

Quanto aos outros que você não pôde escolher, ame-os e aguarde no tempo até que você sinta que está pronto para dar algo mais de si mesmo em favor dessas outras relações.

Agradeça a Deus por colocar em sua vida todas essas pessoas e procure retribuir a misericórdia divina agindo da mesma forma.

Escolher é também se proteger.

# 59 VOCÊ TEM O DIREITO DE ESCOLHER

Quando você está conectado com seus valores, você escolhe. Faz opções por aquilo que vale a pena, por aquilo que soma. Essa atitude faz parte do amadurecimento emocional e é um dos recursos de defesa fundamental do autoamor.

O seu direito de escolha é algo tão sagrado que você pode escolher e eleger as pessoas que fazem parte da sua vida.

E o melhor é saber que mesmo aquelas que você não escolheu podem ser amadas. Você pode sentir algo bom por elas. Você pode amá-las à distância, ter um bom sentimento para com elas, ter sempre uma palavra de luz que as abençoe, mesmo quando distantes de seu raio de convivência.

Não se assuste com isso! Nós fomos criados para amar a todos, mas isso não quer dizer que dará certo com todas as pessoas. Isso é uma ilusão.

Por isso, é muito importante saber como escolher as pessoas nas quais você quer investir, as que você quer manter mais pertinho e as das quais você precisa se preservar.

Para todas, benevolência e respeito.

Para algumas, proximidade e atenção.

Para as essenciais, uma relação verdadeira de confiança e amor.

Se a vida te dá o direito de escolher, opte por um mundo melhor, que começa com você mais feliz.

# 60 PESSOAS MAIS PROVÁVEIS DE SE MAGOAREM

Tome cuidado com as pessoas que acham você muito especial e com qualidades além das que você realmente possui. Aqueles que se encantam com a imagem que fazem de você são as que mais provavelmente vão se magoar e criar dissabores, quando te enxergarem como realmente você é. Tudo demais faz muito mal.

Só mesmo quem se sente infeliz e sem valor pode gostar dos excessos de quem exagera com mimos e adjetivos, que não correspondem à percepção que você tem de sua própria imagem. Pessoas com autoestima bem trabalhada não aceitam o confete das ilusões dos outros a seu respeito. Autoestima é tudo.

# 61 O AMOR TAMBÉM TEM LIMITES

Quando você sentir uma tremenda culpa por não ter salvado alguém que você adora da dor ou do desequilíbrio nas experiências da vida, recorde que amar não significa que você tem sempre de tirá-lo do sofrimento ou resolver os problemas que ele escolheu. Cada qual tem sua dor. Cada dor é uma lição a aprender visando o amadurecimento.

Essa culpa que você sente quando não consegue resolver problemas que competem ao outro resolver chama-se na verdade impotência. Esse sentimento quer lhe dizer: "Mesmo amando, você tem um limite de atuação na vida de quem ama, porque ele também tem de obter um aprendizado com suas escolhas e dificuldades.".

Nem por isso, você deve ser uma rocha no coração com a dor alheia. Tome cuidado com a indiferença. Sentimento é algo que não se ignora perante a dor de quem você quer tanto bem. Mude apenas a sua postura. Diante da impossibilidade de se fazer algo, peça ajuda e forças a Deus, chore no quarto pra desabafar um pouco, busque amparo e socorro para sua limitação, procure a pessoa amada e ajude-a apenas a ser alguém melhor, mas não carregue a dor que é dela. O amor também tem limites.

# 62 AUTOAMOR, AUTOABANDONO E CODEPENDÊNCIA

Muita gente de bom coração confunde bondade com desprendimento de interesses pessoais e assume a postura de ser alguém muito prestativo com o semelhante e se torna aquela pessoa boazinha, que faz tudo pelo outro para socorrê-lo ou tomar conta dele.

Por trás desse comportamento, impropriamente chamado de amor, pode se esconder uma terrível doença chamada codependência. É quando a pessoa só acredita que será amada se se comportar como uma gestora de mimos, bons tratos e ações pelo bem de todos, não se importando e nem prestigiando a si mesma.

Os codependentes, em verdade, são exímios controladores da vida de quem dizem amar. É comum vê-los na atitude de salvadores, isto é, aquele que faz coisas que não quer fazer apenas para continuar "merecendo" o amor das pessoas.

Outra característica típica de codependência é achar que pode mudar as pessoas. E como ninguém nessa vida consegue isso, o codependente é alguém profundamente magoado o tempo todo. Para amenizar sua mágoa, adora fazer papel de vítima, como se fosse a última alternativa para manter o controle.

O assunto é muito vasto. Essa doença não se cura apenas com livros de autoconhecimento e oração. É preciso tratamento especializado e cuidadoso de educação emocional.

# 63 MUDE DE ATITUDE E MANDE A CULPA EMBORA

Existe uma enorme relação entre o desejo que você tem de mudar a quem ama e o sentimento de culpa. Quando você acredita que pode realizar essa mudança e não consegue esse objetivo, isso pode fazê-lo sentir muito culpado e infeliz.

A realidade te chama a uma ponderação: você não pode mudar o outro. Se você insistir nessa ilusão, além de não alcançar seu propósito, ainda poderá se aprisionar em cobranças descabidas a respeito da sua suposta capacidade para transformar alguém.

Sua culpa é, na verdade, um alerta dizendo: "Reveja seu pensamento e sua crença prepotente de querer mudar outra pessoa.". Aceite o que a culpa quer te ensinar e você será muito mais bem sucedido nos seus relacionamentos.

Você pode mudar a si mesmo a preço de muito empenho e, com seu exemplo e dedicação, conseguir ser a razão pela qual uma pessoa queira mudar. Pode cuidar, colaborar, apoiar e orientar, mas quando o assunto é mudança, ela é individual e intransferível, uma questão de escolha pessoal. A mudança é algo que, ou vem do coração, ou não existe.

Por isso, ao invés de dar espaço para culpa e ilusão, abra seu coração para o amor e a alegria de poder realizar o que puder de melhor, dentro dos limites possíveis permitidos pela vida.

# 64 INVISTA EM QUEM TE AMA

Carinho e amizade são muito importantes. São nutrientes da alma.

Entretanto, existem pessoas que preferem acreditar no pior sobre você. Em alguns casos, não tem jeito de você interferir no íntimo delas e colocar outro sentimento no lugar.

Quer saber? Não cogite dos motivos que levam alguém a isso quando você não fez nada para merecer o deboche, o desprezo ou o mau humor de alguém. Quem perde muito tempo com coisas impossíveis, machuca a si mesmo.

Quando alguém realmente não te quiser bem, apenas respeite e siga seu caminho. Preste mais atenção nas pessoas que te amam e não gaste energia tentando corrigir o impossível.

A vida é muito curta. Invista seu tempo em quem tem o coração a seu favor.

A vida é curta para deixar coisas presas na garganta.

# 65 ACEITANDO AS PERDAS, VOCÊ RECOMEÇA MAIS FELIZ

Estou vivendo um momento de dor e separação conjugal que não se encerrou nada bem. A oração pode me curar?

As orações são sempre eficazes e bem-vindas diante das separações afetivas, mas esse seu momento deve ser vivido com toda intensidade. Ninguém poderá subtrair sua dor e ela vai te ensinar muito. Sua dor pode ser amenizada e uma hora ela se acaba, com certeza.

Existem algumas recomendações que você precisa considerar para sua dor passar mais rápido: aceite que acabou, tome cuidado com a sensação de fracasso, acredite que vingar não ajuda em nada, admita que você precisa chorar, reconheça sua raiva, acredite que você vai ser feliz apesar desse momento, admita que tudo acontece na vida da gente por uma razão e até mesmo uma experiência tão dura como essa, pode estar te poupando de algo pior ainda no futuro.

Diga para você: "Eu mereço o melhor e vou superar esse momento por mais difícil que seja.".

Esteja certo que você será muito feliz se souber encerrar esse capítulo da sua vida com coragem, cabeça erguida e dignidade.

# 66 ESTÁ RUIM? PROTEJA-SE!

Sabe aquela pessoa que não emite uma boa energia, que exala uma vibração ruim e que é bastante antissocial? Pois é. Quando você conviver com uma pessoa assim, proteja-se!

Você percebe que essa pessoa desperta naturalmente em você algo ruim, mas, ao invés de iluminar sua reação, você parte para falar mal dela ou emitir de volta um sentimento negativo, destacando seu jeito infeliz de ser. Com essa reação, você está fortalecendo uma conexão mais forte entre ela e sua mente. Uma hora, isso pode se transformar em briga, confusão, mal-estar ou fofoca.

Se perceber uma pessoa assim, proteja-se! Emita algo bom ou ore por ela. Pense em um escudo de energias entre vocês, um escudo de luz violeta, que é a cor da transmutação e da proteção. Ilumine-se de aceitação e de paz.

Antes de o caldo derramar, organize-se espiritualmente para que isso nunca aconteça. Proteção espiritual é também você saber se antecipar àquelas pessoas ou situações que podem, a qualquer hora, acabar prejudicando você.

É você quem sai ganhando ao adotar essa postura. Se o relacionamento não for leve, ajude a vida a levar embora o que não for bom para você.

# 67 DICA DE PROTEÇÃO PARA VOCÊ

Sabe aquela pessoa para quem as coisas estão bem difíceis? Siga esta dica: vá para um cantinho, feche os olhos, lembre-se de um lugar para o qual você foi algum dia e se sentiu maravilhosamente bem. Pense bem nesse lugar. Sinta o que sentiu quando esteve lá. Traga isso para o seu coração. Coloque suas duas mãos em cima do coração. Sinta a força dessa lembrança. Fique assim por um tempo.

Agora abra os braços, estique bem as mãos e faça esse sentimento sair pela palma de suas mãos em direção à pessoa com a qual está difícil se relacionar. Envolva-a com essas energias do bem. Fique assim mais um minutinho e diga: "Eu te abençoo com as melhores energias." (diga o nome da pessoa).

Agora, abra os olhos e diga: "Deus abençoe o meu dia e o de (diga o nome da pessoa) também.".

Se a situação não melhorar com a pessoa, uma coisa é muito certa: você estará protegido de qualquer vibração negativa e terá um dia melhor ao lado dela.

# 68 FOCANDO NO LADO BOM, VOCÊ DESCOBRE O MELHOR

Por que ficar tão abatido ou com a mente fixa nas pessoas que não te apoiam e nem vibram com sua vida e com suas escolhas?

Quando isso acontecer com você, pense naqueles que são beneficiados pelo seu esforço, pense no carinho dos que te querem bem e te aceitam do jeito que você é e, mesmo conhecendo suas imperfeições, continuam te amando.

Não gaste energia mental com opositores. É muito fácil fazer oposição, julgar e achar defeitos. É muito cômodo não simpatizar com alguém.

O mundo está precisando de pessoas que apostem mais na luz do que nas sombras uns dos outros. De quem ache qualidades para incentivar, de quem acredite que o outro pode e vai dar conta, de estimuladores do bem que consigam resistir à tentação de não espalhar o mal.

Amar dá muito trabalho mesmo! E amar é, sobretudo, você encontrar no outro a parte boa e sadia, iluminando-a com sua cordialidade, acolhimento e ternura. Quer um segredo para seu bem-estar? Cultive o lado bom da vida e de todos.

# 69 FIQUE ATENTO COM AS "VÍTIMAS"

Existem pessoas que adoram o vitimismo.

Elas sempre têm uma fórmula bem convincente para impressionar. Dizem-se abandonadas, alegam que estão passando necessidades e que a vida não as ajudou. Quase sempre começam suas histórias desse jeito: "Eu tenho uma história muito triste para contar".

Sabem realmente como explanar um rosário de queixas arrasadoras para provocar em quem as ouve a sensação de estar diante de uma vítima da existência.

Pedem ajuda, mas quase sempre o que querem é manipular e tomar conta da vida alheia. São mendigos de carinho e atenção.

Para qualquer coisa que você oriente, que dependa do esforço delas, terão uma resposta pronta a respeito dos obstáculos para não realizar.

Na verdade, são vítimas de si mesmas. São arrogantes na pele de sofredores, que se passam por prejudicadas pelos outros.

Vitimismo é doença. É a doença da pessoa que não assume sua responsabilidade pessoal. Adora a posição de vítima para não ter de assumir suas próprias fraquezas. É uma pessoa que, na verdade, tem muita pena de si própria. Isso se chama autopiedade.

A vida gira em torno da responsabilidade por si próprio, que é o caminho mais seguro em direção à felicidade pessoal e à cura interior.

Uma vida vivida com muito amor é a solução para as angústias. Temos muitas lições a aprender.

# 70

## NÃO ESTÁ FÁCIL ACHAR UM AMOR

Quando duas pessoas se atraem, todo um conjunto de forças se coloca em movimento, conectando-as. Um dos aspectos mais sutis e ignorados nesse encontro energético são as ligações do lado sombrio dos dois. Esse lado sombrio é composto por conteúdos inconscientes que se manifestam nas carências, imperfeições e pendências emocionais diversas. Nesse sombrio, estão também qualidades e valores muito importantes, que são acessados mais raramente.

Em seus relacionamentos, você pode projetar seu lado sombrio e se apaixonar por alguém que tem aspectos muito similares aos seus. Alguém que vai te tratar como você se trata. Nesse caso, você se apaixona pelo seu reflexo na outra pessoa. Evidentemente, isso não é nada saudável, e as chances de dar certo são menores.

Se você está numa relação mal resolvida e difícil com o seu sombrio, atrairá pessoas que se expressem e vivam na mesma desarmonia.

Da mesma forma, à medida que você solidifica o amor a si próprio, desenvolve a autoestima, fortalece sua dignidade, conduz a vida de forma correta, buscando o cultivo do bem e da luz, você terá mais possibilidades de atrair pessoas de valor e riqueza na alma que vão se aproximar e permanecer na esfera de sua vida.

Muita gente chama de carma essa dificuldade em arrumar alguém bom para se relacionar. De fato é mesmo, porém é necessária uma reconceituação básica: seu carma não é arranjar pessoas ruins e que não valham a pena; seu carma é aprender a resolver dentro de você o seu lado sombrio que atrai esse tipo de pessoa, descobrindo quais são os pontos vulneráveis da sua vida emocional que precisam de cuidados e orientação, e também resgatando os potenciais luminosos que estão adormecidos em você.

# 71 EXPECTATIVAS DEMAIS TIRAM VOCÊ DA REALIDADE

É de quem você menos espera que virão as maiores decepções. Isso acontece por uma simples razão: quem espera demais dos outros precisa da decepção para entender que cada pessoa é o que é e não consegue viver para atender às suas expectativas. Você pode, e até deve, esperar algo de quem ama. Mas não espere demais.

Ninguém será exatamente como você gostaria que fosse. Nem mesmo a vida será do jeito como você acreditou que seria. Muitas coisas sairão dos seus planos e do seu controle. Amplie seu olhar sobre seus projetos e fique atento com a revolta e a tristeza, pois elas não vão consertar nada.

Aprender essa lição vai te poupar muito sofrimento na vida, pois ao depositar suas esperanças e desejos em situações viáveis, seus relacionamentos serão mais verdadeiros e compensadores. A naturalidade dos talentos pessoais dos demais irá te trazer gratificantes e valiosas surpresas.

E, se você não sabe como realizar essa transformação na sua vida emocional, peça ajuda, porque essa conquista te trará uma vida mais autêntica e promissora.

Tudo de bom pode acontecer quando expectativa, realidade, comprometimento e vontade andam juntos.

# 72 ESTÁ MAIS DIFÍCIL "DO LADO DE CÁ"

Você faz uma mudança necessária de comportamento para poder cuidar melhor de você, porque percebe que está se abandonando para cuidar mais da família inteira que de si própria. Então, alguém do seu grupo familiar nota a mudança e fala assim para você: "Já percebeu como você está ficando egoísta e pensando só em você? Será que você já pensou na possibilidade de estar sendo obsidiado?".

Nessa hora, você respira fundo, dá um tempinho para se recuperar e responde, de preferência com muito amor:

"Nossa, quer saber? Você falou algo muito verdadeiro. Acho que estou mesmo obsidiado, mas, sinceramente, os meus obsessores desencarnados estão me dando muito menos trabalho do que os obsessores do lado de cá, principalmente porque os daqui dizem que me amam.".

Cuide de você mesmo e entenda que amar não significa se anular pelas pessoas. O amor inclui proteção e bem--estar pessoal contra os abusos das pessoas que dizem que te amam.

# 73 NÃO CARREGUE NINGUÉM NAS COSTAS – I

Algumas pessoas estão tão magoadas com a vida e com elas mesmas, que começam a viver um mecanismo emocional muito semelhante a uma prisão. Estão no limite com relação à sua sensibilidade, experimentando um elevado nível de insatisfação e infelicidade, muitas vezes até desesperadas.

Como válvula de escape, começam a despejar parte dessa energia tóxica nos que estão à sua volta. Começam a entrar, consciente ou inconscientemente, em conflito com tudo aquilo que as incomoda. A partir de então, assemelham-se a uma metralhadora de vibrações negativas atirando para todos os lados. Brigam com o trocador do ônibus, se incomodam com o vizinho no elevador, dão má resposta ao chefe, arrebentam com a família, enfim, transformam-se em um frasco de veneno ambulante, espalhando irritação e mau humor.

Essas pessoas, cada vez que jogam sua teia energética de mágoa e contrariedade nos outros, passam, instantaneamente a carregar em si mesmas o que há de pior em quem elas agrediram com palavras ou pensamentos. Sem exageros, passam a ser um coletor de lixo, recolhendo tudo de mais negativo por onde passam. É uma autêntica prisão energética.

Se você está nessa condição mental, procure sair desse clima o mais rápido possível, porque você deve estar com uma tremenda dor na coluna e com a lombar estraçalhada. Na verdade, você está carregando dezenas de pessoas nas suas costas. Isso não é uma metáfora.

Quer saber como sair disso?

# 74 NÃO CARREGUE NINGUÉM NAS COSTAS – II

Continuando os apontamentos acima, vamos falar sobre a saída para o clima emocional de mágoa que cria uma teia energética, prendendo você a pessoas que foram alvo de sua irritação e mau humor. O maior perdedor com esse clima de azedume é você mesmo. Se você, por exemplo, briga com alguém ou destrata uma pessoa, vai ficar com ela na sua cabeça por vários dias (ou até meses), causando os maiores danos possíveis na sua vida emocional e mental, detonando sua coluna vertebral.

A iniciativa fundamental para sair dessa condição é resolver o estado de mágoa. E o que é a mágoa? É a raiva que você não conseguiu resolver. Raiva de quem? Principalmente de você mesmo, mas pode ser também de alguém, ou de algum acontecimento.

Tudo é cinza na vida dos magoados. Tudo trava na vida de pessoas magoáveis. Não será exagero dizer que mágoa é uma cola que prende a vida emocional e cria a sensação de estar "patinando", andando no mesmo lugar. Os magoados não aceitam as pessoas como são e estão sempre em briga mental com alguém, puxando para si o campo energético dessa pessoa. Qual a saída? Perdoar.

Quando você perdoa, você compreende. Compreende e reconhece que, exclusivamente, você é responsável por tudo que está ocorrendo na sua vida. É preciso coragem para admitir isso. É mais fácil culpar os outros do que baixar a cabeça e dizer: "Eu assumo minha parte nas dificuldades pelas quais estou passando e vou corrigir, custe o que custar, sem ficar responsabilizando os outros pelas minhas dores.".

Essa é a saída. Quem exerce perdão, aceita. Quem perdoa a si, aos outros e à vida, vai adiante, entende sua parcela de culpa e percebe que mágoa é o mesmo que ficar segurando uma brasa na mão procurando alguém em quem jogar.

Faça um trabalho de educação emocional sob essa ótica. Quando você aplica o perdão, cura não somente suas costas, mas sua vida.

# 75 COMO SABER SE VOCÊ PERDOOU?

O conceito de perdão necessita urgentemente de uma reciclagem. Quem não sabe o que fazer com a decepção e a amargura para transformá-las em algo útil, nega a dor emocional da ofensa, como se isso fosse perdoar. Perdoar não é esquecer, passar por cima ou negar sentimentos. Isso acontece porque o conceito tradicional de perdão é todo voltado para o ofensor. É algo como esquecer tudo e voltar a se relacionar como se nada tivesse acontecido.

Recicle seu conceito sobre a mágoa. Guardá-la é nocivo e insensato, absolutamente avesso à natureza humana. Mágoa é uma dor que dói demais para não ter algum sentido profundo na vida de quem se ofendeu.

O perdão, antes de ser uma atitude para com o ofensor, é um movimento de autoconscientização. É com você e não com quem te magoou. Perdoar é olhar para a mágoa e descobrir qual a sua parcela para que essa dor tenha existido. Se tiver coragem e humildade, verá que você é também responsável pelo o que aconteceu e que o fez sofrer tanto.

São muitos os comportamentos que podem afundar você na mágoa. Citarei dois bem comuns: expectativas muito altas em relação aos outros e a falta de habilidade em dizer não. Existem muitas outras razões para que a ofensa se instale em seu coração e, não se assuste, é sempre com seu consentimento.

Quando você conseguir se lembrar, sem sofrer, da mágoa que alguém lhe causou, aí sim você poderá dizer que perdoou verdadeiramente. Para isso, é necessário descobrir o que essa mágoa quer mostrar sobre você. Como você se desprotege para ser tão ferido. Que comportamento você adota que o torna uma vítima frágil dos abusos alheios.

Perdão, antes de tudo, significa libertar-se da dor emocional da ofensa, entendendo como você contribuiu para que alguma ilusão sua sobre a vida ou as pessoas te levaram a ser tão ingênuo e descuidado.

Você quer ter certeza se perdoou uma pessoa? Então, primeiramente, procure saber se essa pessoa é você e não seu ofensor. Quem tenta perdoar o ofensor sem saber o que causou a dor da ofensa em si mesmo, em verdade, continua se iludindo e vai ser ofendido outra vez.

# 76 TERMINAR NÃO SIGNIFICA ENCERRAR CICLOS

Casamentos acabam, namoros são interrompidos, casos chegam ao fim... E o que fica no seu coração? Mágoas, carências, dores emocionais e perdas dolorosas...

Um relacionamento interrompido não significa que tenha sido encerrado. Para que ele seja encerrado, deve-se fechar um ciclo de aprendizado, de experiência. Do contrário, a possibilidade de ficarem pendências emocionais é muito grande. Se você não conseguir extrair uma lição de vida importante com a interrupção de um relacionamento, também não terá forças para encerrá-lo. Ficará, nesse caso, gravitando entre a dúvida se foi certa ou não a separação.

Quando as relações provocam dor, existe algo a aprender para ambas as partes. Se um dos dois se nega a esse aprendizado, a relação poderá intoxicar suas vidas.

Para encerrar o que já se foi ou ainda precisa ser interrompido, é necessário saber se você vai preferir aprender o que o ciclo tem para lhe ensinar ou vai ficar ligado mental e emocionalmente a alguém que não quer esse aprendizado, tornando completamente inviável a melhoria da relação.

Terminar sem encerrar é um drama. Você fica conectado energeticamente com quem, supostamente, você se desligou. Mas, as relações interrompidas só ficam complicadas mesmo quando nenhum dos dois quer encerrar um ciclo de aprendizado na vida.

Se você não consegue descobrir o que tem para encerrar, se não souber que lição a vida está lhe dando diante de uma relação que não vale a pena, então é possível que o sofrimento ainda permaneça até que você enxergue a realidade.

E esteja certo de que a causa mais provável para que você não enxergue o que precisa é que você não está conectado com você mesmo, pois você necessita fortalecer seu autoamor para achar essas respostas. Talvez até, se você pensar bem, essa seja a maior lição de todas para que as separações também signifiquem encerramentos: aprender a cuidar mais de você, com mais amor e não entregar a outra pessoa essa importante e essencial tarefa da vida.

# 77 PODE PEDIR QUE DEUS ATENDE

Peça ajuda divina, mas faça disso um pedido, e não uma ordem. Ore sem determinar o que Deus precisa fazer. Não dê ordens nem tente negociar com Deus.

Tenha uma postura mental aberta à influência das forças divinas. Ore esperando e não escolhendo.

Uma prece de coração aberto tem efeito muito mais positivo. Talvez as coisas não aconteçam como você gostaria, porém, esteja certo de que o que vai acontecer será o melhor para você.

# 78 ABRA UMA FRESTA DE ESPERANÇA

Ninguém fica órfão da misericórdia celeste. Para recebê-la, porém, você tem de, pelo menos, abrir uma fresta de esperança e crença positiva em seu coração.

Por maiores que sejam seus desafios, esteja certo que não faltará o necessário para que você supere os obstáculos. Busque a migalha da tua confiança e Deus a multiplicará, transformando-a em fé e força em seu favor.

Iluminado é aquele que acredita na força do bem e do amor. Sintonizar-se com a luz é proteger-se do mal e das forças sombrias.

Acreditar no melhor de tudo e de todos é se defender dos dissabores diários, e se ligar ao Pai Criador em bênçãos de paz e alegria.

# 79 NÃO FIQUE NA PERIFERIA DE DEUS

Não é a religião que vai te tornar feliz, mas sim o legítimo sentimento de amor e o comportamento em sintonia com o bem que te ligam a Deus.

É comum confundir práticas religiosas com elevação espiritual. As práticas e tarefas fazem bem e conduzem a novas experiências de crescimento. Todavia, somente uma educação dos sentimentos na sua vida interior pode conduzir a uma conexão com estados que aproximam você de Deus.

Ser religioso sem cultivar o sentimento de religiosidade perante a vida é apenas ficar na periferia do contato com o divino, com o sagrado que está dentro de você . Muita bagagem de conhecimento e muito movimento nas atividades dos templos não são sinônimos de melhoria espiritual. Pode significar que você está buscando a Deus, mas pode ocorrer que, mesmo assim, você não O tenha encontrado ainda dentro do coração.

O maior papel dos templos, aliás, não deveria ser somente o de louvar a Deus e sim o de ensinar ao homem como encontrá-Lo, como se transformar em uma pessoa melhor para realizar esse encontro dentro do coração.

# 80 A PAZ QUE É SÓ SUA

Resgate, nesse momento, a diretriz divina para sua vida: "Amar a Deus e ao próximo como a si mesmo.". Por meio de práticas religiosas, cultuamos a proximidade com Deus. Essa talvez seja a parte mais fácil desse ensinamento. Difícil é esse amar ao próximo como a si mesmo.

Você se acostumou a fazer uma conexão irreal com esse ensino, chegando ao ponto de acreditar que práticas e rituais são uma maneira mais correta para encontrar Deus, do que a relação que tem com o próximo e consigo mesmo.

Que estranha essa proximidade com Deus!

É fácil ajoelhar-se, rezar, dar passe, louvar, enfim, buscar as formas mais vivenciadas de entrar em contato com o Pai. Desafiante mesmo é viver o seu dia a dia e encontrar Deus na convivência com um filho problemático, com um marido viciado, com uma esposa bipolar, com um parente abusado, com um colega intransigente, um vizinho difícil e outras tantas situações desafiantes da vida.

Mas Deus está, de verdade, é nesse contexto que testa a nossa capacidade de superação, aprendizado e amadurecimento.

A prática da caridade e da solidariedade são experiências importantíssimas na construção de nossa proximidade com Deus, mas creditar a elas a exclusiva oportunidade de um contato com Deus não agrega à nossa alma aquilo que mais pedimos a Ele: paz interior.

Paz é também conquista que se alcança na vitória sobre os conflitos reais. Quer paz verdadeira? Aquela que passa a ser sua todos os dias? Encontre Deus nos seus embates diários de relação humana e aprenda a superá-los. Deus te aguarda sempre depois de cada esforço e superação. Seja qual for o resultado.

# 81 LIGUE PARA O CELULAR DE DEUS

Quando você dá importância excessiva a fatos e pessoas que não somam, sua vida fica mais pesada, sua energia fica mais baixa, sua mente se cansa e você sente desânimo.

Apareceu um problema ou uma pessoa menos simpática? Resolva. Não é possível? Então ligue para o celular de Deus e, pelas ondas da oração, peça a Ele força para sua caminhada e proteção para que seu coração mantenha--se intacto perante as agressões do caminho.

Enquanto Ele não te responde, prossiga sua vida, envolvido na mais fortalecida energia da fé e da esperança, e procure não supervalorizar o que não precisa e nem merece. A felicidade solicita uma boa dose de cuidado na valorização daquilo que agrega e impulsiona para frente.

Não carregue nada que crie interferência na sua ligação com Deus. Aguarde na linha da esperança que Ele vai falar com você.

# 82 BUSQUE DEUS A CADA AMANHECER

Começa mais um dia. Hoje será melhor que ontem. Novas experiências, novas possibilidades, novos aprendizados.

Um dia de paz é algo que começa dentro de você. Acredite em sua luz e seja feliz.

Nesse dia, faça apenas o seu melhor. Querer mais que isso é um provável sinal de que você está fazendo algo além de suas possibilidades.

Se o seu dia começar com dificuldades, lembre-se de parar um minuto e pensar em Deus e abra seu coração para Ele. Depois disso, seu clima mental ficará melhor, e as coisas vão fluir com mais leveza.

Lembre-se: é você quem dá o tom da música do seu dia. Se tiver alguma dificuldade para impor um bom ritmo, feche os olhos e faça uma oração assim: "Pai, nesse momento, preciso de Tua ajuda para estar melhor. Sem ela, não consigo superar minhas limitações e aproximar-me da serenidade de que preciso. Debaixo de Teu amparo, posso sair do turbilhão das lutas dessa hora e alcançar a paz e o equilíbrio. Pai, dá-me Tua mão. Esteja comigo. Eu posso, contigo, fazer um dia especial.".

# 83 A CONTABILIDADE DE DEUS

A contabilidade divina funciona com muita sabedoria: sempre que você recebe algo na vida, é realizado um débito para você; da mesma forma, quando você dá algo de si, é realizado um crédito a seu favor.

Se você aplicar essa ideia a várias situações da vida, vai concluir que receber é responsabilidade, e dar, por sua vez, é uma benção.

Todo esse movimento energético de querer ser beneficiado perante a vida gera um compromisso de também realizar; em troca, toda expressão interior na direção da vida, do próximo ou do bem é atividade que lhe credita forças interiores.

Se você presta ajuda a alguém, torna-se credor. Por sua vez, quando recebe ajuda, torna-se devedor. Se você planta o bem, é credor. Se você exige o bem dos outros, é devedor.

Além desses aspectos, existe também, na contabilidade de Deus, a misericórdia divina, que é aquela intercessão de amor que expressa a bondade de nosso Pai.

Aproxime seus atos da contabilidade divina e busque fazer o bem que puder, obtendo os créditos de que precisa em sua jornada, participando de forma cada vez mais consciente da prosperidade universal.

# 84 ACOLHE-ME, SENHOR!

Senhor, diante dos desafios que tenho enfrentado, venho buscar, pela oração, o abrigo acolhedor que permita me refazer e continuar a jornada.

Auxilia-me a superar as lutas e batalhas com o arrimo da Tua energia bendita de paz.

Eu não Te peço que me livre das provas necessárias e abençoadas. Peço que me alivie da angústia do caminho.

Seja o que tiver para me dar, Senhor, aqui me encontro a Te procurar na luz da oração. Só isso já me traz mais sossego e esperança.

Ampara-me conforme eu mereça. Socorra-me conforme Tua vontade.

Seja o que for que eu receba diante dessa súplica, serei grato. Continuarei a marcha e apenas rogo-Te que não me abandones. Isso me basta!

Obrigado, Senhor!

**Título**
Apaixone-se por você

**Autoria**
Wanderley Oliveira

**Edição**
1ª

**ISBN**
978-85-63365-29-3

**Capa**
Wilson Meira

**Diagramação**
Tuane Silva

**Revisão da diagramação**
Nilma Helena

**Revisão ortográfica**
Edermaura Santos e
Fernando Suarez

**Coordenação e preparação de originais**
Maria José da Costa e
Nilma Helena

**Revisão da diagramação**
Nilma Helena

**Composição**
Adobe Indesign CS6 (plataforma Windows)

**Páginas**
221

**Tamanho**
Miolo 16x 23 cm
Capa 16 x 23 cm

**Tipografia**
Texto principal: Cambria 13pt
Título: Brittanic

**Margens**
22 mm: 25 mm: 28 mm: 22 mm
(superior:inferior:interna;externa)

**Papel**
Miolo em Pólen bold 70 g/m$^2$
Capa papel Suzano Supremo 250g/m$^2$

**Cores**
Miolo: 1x1 cores CMYK
Capa em 4 x 0 cores CMYK

**Gráfica**
AtualDV (Curitiba/PR)

**Acabamento**
Brochura, cadernos de 32 pp
Costurados e colados
Capa com orelhas laminação fosca

**Tiragem**
Sob demanda

**Produção**
Abril de 2022

# DEPRESSÃO E AUTOCONHECIMENTO

Como extrair preciosas lições dessa do

Wanderley Oliveir

DEPRESSÃO E AUTOCONHECIMENTO
Copyright © 2012 by Wanderley Oliveira
1ª Edição / julho 2012/ do 1º ao 5º milheiro
1ª reimpressão | Março 2019 | 6º 8º milheiro
Impressão sob demanda xxxxxxx

Dados Internacionais de Catalogação Pública

OLIVEIRA, Wanderley

    Depressão e autoconhecimento: como extrair preciosas lições desta dor.
Wanderley Oliveira.
Belo Horizonte, MG: Dufaux, 2012.

    213 p. 16 x 23 cm

    ISBN 978-85-63365-24-8

    1. Espiritismo        2. Autoconhecimento        3. Depressão
    I. Oliveira, Wanderley    II. Título

    CDU 133.9

Impresso no Brasil    Printed in Brazil    Presita en Brazilo

**EDITORA DUFAUX**
Rua Contria, 759, Alto Barroca
Belo Horizonte – MG - Brasil CEP: 30.431-028
Telefone: (31) 3347-1531
comercial@editoradufaux.com.br
www.editoradufaux.com.br

Conforme novo acordo ortográfico da língua portuguesa ratificado em 2008.

Todos os direitos reservados à Editora Dufaux. É proibida a sua reprodução parcial ou total através de qualquer forma, meio ou processo eletrônico, digital, fotocópia, microfilme, internet, cd-rom, dvd, dentre outros, sem prévia e expressa autorização da editora, nos termos da Lei 9.610/98 que regulamenta os direitos de autor e conexos.

# Depressão e autoconhecimento

como extrair preciosas lições dessa dor

Wanderley Oliveira

Dufaux

Série
Autoconhecimento

"Toda doença é uma mensagem direta dirigida a você, que lhe diz que você não tem amado quem você é, nem se tratado com carinho a fim de ser quem você é. Essa é a base de todo tratamento." [1]

*Barbara Ann Brennan*

---

[1] BRENNAN, Barbara Ann. Saúde, um Desafio para Você ser Você Mesmo. *Mãos de Luz.* Editora Pensamento.

"Depressão – condição mental da alma que começa a resgatar o encontro com a verdade sobre si mesma depois de milênios nos labirintos da ilusão."[2]

*Ermance Dufaux*

"Sem amor a vida não floresce. Sem amor nada tem sentido. A depressão não é um castigo de Deus. É uma construção humana. E tudo o que se planta gera uma colheita. Toda colheita pode ser depurada, aprimorada, selecionada, até se atingir o fruto desejado. E como nada é definitivo no universo, tudo vai passar."

*Wanderley Oliveira*

---

2 - Escutando sentimentos, obra mediúnica de autoria espiritual de Ermance Dufaux e psicografia de Wanderley Oliveira, capítulo 5, Editora Dufaux.

"E, se os deixar ir em jejum, para suas casas, desfalecerão no caminho, porque alguns deles vieram de longe." [1]

*Marcos*

---

[1] Marcos 8:3

# Esperança é o alimento que vem de longe

Ao receber o convite para traçar algumas linhas sobre este livro, minha primeira reação foi achar que não seria necessário, pois não teria o que dizer como editora da obra, uma vez que, ao revisá-la e publicá-la, a minha aceitação a respeito do conteúdo já estaria expressa. Foi, então, que o autor e um médico, amigo querido que me trata há 13 anos, me disseram quase a mesma coisa: "Fale como uma pessoa que tem a depressão e que já vem, há longo tempo, tentando extrair lições desta dor".

Espero que a minha experiência com o trato dessa doença possa servir de ajuda e estímulo a você, leitor. Na esperança de que você seja mais decidido e corajoso do que eu, e não perca as oportunidades que a vida lhe der para buscar a autocura.

Custei muito a aceitar a depressão. Na verdade, tratei por 14 anos de uma insônia crônica, por meio da homeopatia, sem jamais cogitar, muito menos aceitar, ter depressão. Sempre fui uma pessoa alegre, otimista e amorosa. Só que também era ansiosa, tinha um desejo intenso de fazer tudo muito certo, extremamente organizada e, consequentemente, achava que sempre tinha razão, e por isso me irritava com facilidade. Mas sempre por uma *causa justa,* acreditava.

Após fazer o baile de debutante (15 anos de tratamento) na homeopatia, recebi cartão vermelho e fui encaminhada para um psiquiatra. Imagina! Consultar um médico de doido! Logo *euzinha,* tão normal! Como assim? Não estava jogando pedra em ninguém (ainda). No entanto, minha insônia e os demais problemas emocionais estavam *apertando muito os meus calos* e não tive alternativa. Eu me rendi, por puro esgotamento, tanto de energia como de argumentos. Marquei a consulta, bem escondidinho da minha família e dos companheiros de Doutrina. Imagine se alguém descobre! Afinal, já era mãe de família, trabalhadora da Doutrina e coordenadora de várias atividades havia mais de 20 anos!

E lá fui eu, preparadíssima para convencer o médico, que Deus o guarde até hoje, de que não tinha depressão e nenhuma doença (principalmente da cabeça). Afinal, eu trabalhava, cuidava extremamente bem da casa e dos filhos, cumpria rigorosamente com minhas obrigações, passeava e participava de várias atividades. Tudo coisa de gente normal, tinha plena certeza.

Ao iniciar a entrevista, dentre tantas perguntas que o médico me fez, há uma que não esqueço. Ele me perguntou: "Como você cuida de sua casa?" Quando ele fez esta pergunta, eu abri um sorriso e respondi toda orgulhosa: "Do maleiro do meu quarto ao gaveteiro da despensa, se o senhor pedir para eu achar qualquer coisa dentro de casa, daqui, por telefone, eu peço para a alguém pegar. Sei onde está cada coisa!" Ah, como me fazia bem ter o cuidado (e o controle) de tudo!

Após uma consulta de quase uma hora e meia, onde tentei, de todas as maneiras, questionar a possibilidade de ter a doença, o médico me deu a *sentença*: "Você vai se tratar de depressão, pois apresenta *alguns traços* dela" (mais tarde, percebi que tinha todos). E, caridosamente, ele disse: "Tome este remédio por um mês. Se você não sentir nenhuma melhora, volte aqui e me mostre que não tem depressão. Então vou concordar que você não tem nada, rasgo meu diploma e paro de clinicar." Mediante este ultimato, engoli minha arrogância, peguei a receita, agradeci com um muxoxo e saí meio tristinha.

Aconteceu que, depois de exatos 21 dias de uso da medicação, eu melhorei demais. Passei a dormir melhor, meu nível de energia aumentou, minha ansiedade e angústia diminuíram e minha mente se asserenou. Ali começava, para mim, meu processo de autocura, que, diga-se de passagem, continua até hoje! Passei tão bem e fiquei tão feliz que, com o tempo, perdi o medo e a vergonha de estar me tratando de depressão. Passei a falar para a família e os amigos dos benefícios do tratamento e, no fim das contas, muitos insistiram em fazer uma visitinha ao doutor.

Continuo nesta empreitada com mais alegria e menos rebeldia, não só com o tratamento médico, mas com suporte psicoterápico e tratamento espiritual constante, e quando acho que já matei todos os leões que dizem que temos de matar numa vida, lá vem mais! Os desafios do crescimento não param e, quando damos mais um passo adiante, somos convidados a continuar na caminhada, enfrentando com coragem os processos do crescimento espiritual.

Preciso abrir um parêntese, e bem grande, para agradecer e falar da importância do apoio familiar e dos amigos. São eles que nos ligam à vida nos momentos mais difíceis das crises – e como há momentos quase insuportáveis! E haja Deus para nos dar família e amigos!

Mesmo com tantas buscas, ao me deparar com esta obra, percebi, um tanto contrariada, que há muitos pontos para trabalhar em mim mesma. A forma como o autor aborda a depressão chama a atenção para um fator importantíssimo no processo de conscientização e autocura: a solução não está fora, e sim dentro de nós mesmos. Alerta-nos para realidades pessoais que nos convidam ao autoenfrentamento, tão desafiador, mas necessário.

Então, não desista! É necessário aceitar o convite sábio da enfermidade, pois só assim saberemos quem somos e do que realmente precisamos. Gastaremos um bom tempo (e sabe lá Deus quanto tempo a rebeldia vai nos fazer gastar) para chegarmos mais perto de nós mesmos. Uns irão mais rápido, outros mais devagar, mas cada um tem o seu tempo. Só não deixe o seu passar em vão. Vá à luta por sua melhora. Mesmo que capengando, não deixe de caminhar. Resista! Peça ajuda, ela nunca falta! Descubra seu ritmo, mas não pare. Mesmo que, às vezes, não consiga dar um passo adiante, aguarde, na expectativa de que os valores sublimes que Deus plantou em sua alma encontrem espaço para desabrochar logo ali, mais à frente.

Se alguém me perguntar qual a medicação mais eficaz para esta doença, eu afirmo sem medo de errar: ESPERANÇA! Foi ela que me trouxe até aqui e me dá forças para continuar.

É com ESPERANÇA que conseguiremos ficar de pé (mesmo que, de vez em quando, deitadinhos numa caminha irresistível) diante de crises, e que Deus as tenha, passageiras!

E a respeito da ESPERANÇA, divido com você uma orientação espiritual que recebi em 2008, na sede da Sociedade Espírita Ermance Dufaux, aqui em Belo Horizonte, pelo espírito de dona Maria Modesto Cravo, em um momento de muito sofrimento:

> "Todos viemos de longe, minha filha. Famintos de esperança e estropiados. Cansados e aflitos. Viemos para a reencarnação abençoada, na busca de recuperar o esbanjamento dos bens celestes que outrora marcou nossa caminhada. Este é o momento da vitória, conquanto a sensação dilacerante de fracasso. Levante a cabeça e siga adiante. Tudo passa. Tenha esperança e resistência, porém, observe que resistência sem autoamor exaure.

Esperança é o alimento de quem vem de longe, e como nos diz o versículo de Jesus, Ele não nos deixará seguir em jejum. O alimento existe. Sempre existirá. Esperança é a energia que preenche o coração e faz-nos sentir que todos, sem exceção, somos Filhos de Deus, e, portanto dotados dos mais ricos recursos para superar todas as nossas provas e capazes de trilhar rumo à nossa libertação definitiva."

Que Deus nos ampare e abençoe!

*Maria José da Costa*
*Belo Horizonte, julho de 2012.*

"Todos viemos de longe, minha filha. Famintos de esperança e estropiados. Cansados e aflitos. Viemos para a reencarnação abençoada, na busca de recuperar o esbanjamento dos bens celestes que outrora marcou nossa caminhada. Este é o momento da vitória, conquanto a sensação dilacerante de fracasso. Levante a cabeça e siga adiante. Tudo passa. Tenha esperança e resistência, porém, observe que resistência sem autoamor exaure."

# Prefácio

Ao iniciar uma nova era para a humanidade, muitos conceitos e ideias já consagrados como verdadeiros estão sendo abalados em seus alicerces por pesquisas, avanços tecnológicos e outros instrumentos usados para uma maior aproximação da verdade, em especial no que tange à existência.

A mente humana também está sendo alvo de intensas pesquisas, principalmente pela neurociência, que busca, por meio de um entendimento mais robusto do funcionamento do cérebro, desvendar os meandros do psiquismo humano. Conquanto se possa progredir muito no entendimento dos efeitos, não se atingem as causas, que jazem no Espírito.

Isso faz com que vários livres-pensadores do comportamento humano, familiar e social busquem, também, maiores recursos, tanto na observação quanto na experimentação, a fim de melhor arregimentar seus conhecimentos para uma abordagem mais próxima da realidade que nos cerca e atinge.

Nesse contexto, temos a depressão, que grassa assustadoramente no concerto mundial, deixando alarmada a ciência médica, social e pública pela alta prevalência com que vem assolando a humanidade, tanto em relação ao sofrimento que produz como ao alto custo que onera a sociedade de forma geral.

A presente obra é uma hipótese de trabalho numa tentativa séria de ampliar o entendimento e buscar minorar o sofrimento de tantos quantos passam por essa terrível enfermidade.

Tem ela como alvo demonstrar aos que padecem desse mal que o cerne da questão vige dentro do próprio enfermo, assim como a cura ou a melhora, sendo o acometido expressivo participante desse processo. O apelo socrático "conhece-te a ti mesmo" faz um verdadeiro divisor cognitivo nas páginas que compõem esta obra.

Não tem o autor preocupações acadêmicas ou científicas, embora busque recursos no pensamento de vários estudiosos do assunto. É uma abordagem interessante em si mesma, porque tangencia a visão espiritualista do ser, o que gera uma incursão observatória da intencionalidade, consciente ou não, de cada um em seu comportamento nas interações pessoais em sua existência.

Para muitos pode parecer que o autor não apresenta nada de novo. Entretanto, faz ele correlações interessantes, proporcionando uma sequência plausível da possibilidade de determinados fenômenos psíquicos estarem ocorrendo e serem os causadores de conflitos comportamentais, que, por si mesmos, são inadequados e podem ser propiciadores da depressão, das dificuldades do seu tratamento e das constantes recaídas que os pacientes apresentam.

É uma obra que merece ser lida, analisada, meditada e as sugestões que, porventura, falem ao íntimo, devem ser colocadas em prática pois, no mínimo, oferece uma visão profunda de nossas mazelas internas e vasta possibilidade de melhorar a relação conosco mesmos e com os semelhantes, construindo uma vida mais saudável.

Remete-nos a reflexões não somente no que tange ao processo depressivo, mas às nossas dificuldades existenciais em geral, pois é um apelo ao posicionamento consciente diante da vida. Entende-se que a intenção do autor é dar uma visão comportamental e de profunda implicação Espiritual, já que o Espírito é o fundamento da vida, e que chegar a Deus, o Criador, é o objetivo maior de todos nós.

*Jaider Rodrigues de Paulo*
*Belo Horizonte, julho de 2012.*

"Tem ela como alvo demonstrar aos que padecem desse mal que o cerne da questão vige dentro do próprio enfermo, assim como a cura ou a melhora, sendo o acometido expressivo participante desse processo."

# Apresentação

## Como extrair preciosos diamantes no solo do coração

Perguntaram a Michelangelo como ele criava esculturas tão magníficas a partir de um bloco de mármore frio: "Como criou tamanha beleza, tanta divindade que é a *Pietà*? Como infundiu tanta magnificência ao *Davi*?"

Conta-se que Michelangelo respondeu: "Não fiz nada. Deus os colocou dentro do mármore, já estavam lá, apenas tive de retirar as partes que não permitiam que você os visse. Quando olho um bloco de mármore, vejo a escultura dentro. Tudo o que tenho de fazer é retirar as aparas".

Todos nós somos obras de arte criadas por Deus e entregues ao processo da evolução, no intuito de manifestarmos nossa beleza e valor particular.

A obra de arte de nossa existência está, muitas vezes, coberta por anos de medos, culpas, indecisões, adiamentos, carências, desrespeito aos nossos desejos – atitudes que expressam um processo interior de conflito persistente. Mas, se decidirmos tirar essas aparas, se aprendermos a não duvidar de nossa capacidade, seremos capazes de levar adiante a missão que nos foi destinada e aprender a gostar até mesmo daquilo que consideramos uma imperfeição em nós.

**Assim como Michelangelo, será importante acreditarmos que temos uma obra de arte a ser insculpida em nós mesmos. Mesmo que não tenhamos essa visão artística do escultor, educar-nos para nos conscientizar e acreditar em nossos valores imortais são os grandes propósitos de uma doença como a depressão.** Quase sempre, quem está depressivo recebeu um selo da vida cujo conteúdo diz: "Chega de se comportar de uma forma que te distancia de sua luz. Você merece ser feliz. Movimente-se e descubra como".

Essa descoberta é um verdadeiro garimpo. Exige certo esforço e paciência do garimpeiro, mas o resultado é compensador quando se descobre os diamantes interiores que estão disponíveis para a felicidade eterna.

"Chega de se comportar de uma forma que te distancia de sua luz. Você merece ser feliz. Movimente-se e descubra como."

# Introdução

*Uma jornada luminosa ao encontro de seus talentos*

"*Curai os enfermos (...)*[1]"

Uma perspectiva da depressão que atrai muitos profissionais, cientistas e pensadores é a de que essa dor pode se tornar um caminho de crescimento.

Analisada dessa forma, quando o depressivo consegue atingir a autossuperação e discernir com mais lucidez quais são os recados subjetivos que a alma lhe endereça, ele transforma sua depressão em instrumento de autoconhecimento e desenvolvimento pessoal. A dor interior o faz olhar, inevitavelmente, para si mesmo e entender o que acontece consigo.

Nosso anseio é facilitar uma perspectiva de olhar com sabedoria e maturidade para essa dor causada pela depressão. Cientes de que estamos sob a angústia da doença, fica muito difícil realizar esse movimento interior de libertação. A partir disso, uma longa e progressiva jornada

---

1 Mateus, 10:8.

luminosa pode acontecer, se houver a cumplicidade do depressivo com sua melhora.

Se acontecer de nos acharmos depressivos ao ler este livro, não nos assustemos. Todos nós que desejamos realmente nos entender e ter uma vida melhor somos candidatos a experimentar algum nível de depressão. Essa descoberta, com certeza, nos levará a sermos alguém melhor e mais feliz ao percebermos que a dor da depressão é apenas uma alavanca para nos estimular a caminhar com mais consciência.

Doloroso é ignorar essa realidade ou não querer enxergá-la. A dor da depressão surge e persiste exatamente por meio da tentativa de fazermos "vista grossa" para algo que precisa ser lapidado, aprimorado.

Esta obra tem uma visão afinada com a proposta de saúde focada em valores e qualidades. Jesus, o Terapeuta do Amor, enunciou: "Curai os enfermos ". Ele não falou "curai as enfermidades".

**Quando temos um problema ou uma doença, devemos procurar pela habilidade que precisa ser descoberta. Vermos a dor como um sintoma de que algo bom está querendo nascer na nossa vida. Isso reforça a ideia de que quaisquer sentimentos são indicadores de que algo necessita ser desenvolvido. No caso da depressão, é uma pista emocional de que algo muito saudável existe dentro de nós e está pedindo nossa atenção, nossos cuidados.**

**A depressão é como um alerta da vida para encerrarmos um ciclo de condutas, formas de pensar e de sentir às quais nos encontramos apegados há um longo tempo e que nos distanciam da nossa essência divina, da nossa luz interior.** Em casos mais severos da doença, sob a ótica reencarnacionista, o depressivo é um espírito que vem se recusando a olhar para dentro de si mesmo há milênios, preso a ilusões diversas a respeito da vida e de si mesmo.

Talvez o que mais tem faltado a muitos depressivos na atualidade seja uma radiografia emocional realista e prática sobre como a doença acontece, um retrato de sua vida interior e, sobretudo, como lidar com o conjunto dos transtornos íntimos causados pela depressão. Esse é um dos caminhos da cura, da superação desses ciclos emocionais de velhas condutas da criatura. Aprofundaremos o tema da educação emocional em capítulos específicos para esta finalidade.

Este livro foi construído com base em uma perspectiva da depressão que atinge um número muito maior de pessoas do que os indicados nas atuais estatísticas. Foram usados os conceitos da medicina espiritual que classificam depressão bem além de um quadro clínico de tristeza patológica, enveredando pelo conceito do autoabandono, que pode expressar a falta de habilidade do ser humano em saber se cuidar e se amar, em ser seu melhor amigo e acolher suas necessidades pessoais com respeito. Essa é a "depressão que ninguém vê".

As propostas aqui contidas são para todos os que buscam respostas sobre si mesmos. O desespero de não sabermos o que fazer diante das encruzilhadas da vida tem abatido muitas pessoas sinceras. A falta de conhecimento sobre como fazermos nossas escolhas de forma afinada com nossa vontade pessoal ou sobre como adotarmos condutas gestoras de paz e alegria tem causado uma enorme sensação de inutilidade e fracasso, que pode abrir portas para depressões incaracterísticas, porém, tão destruidoras quanto qualquer quadro de dor experimentado por um depressivo grave.

Abriremos algumas janelas que vão expor horizontes otimistas e promissores a todos os que sofrem com essa doença, sejam familiares, amigos, colegas ou o próprio depressivo.

A depressão tem cura, e nossa esperança repousa em auxiliar na construção de um roteiro de autoconhecimento que venha a somar e nos orientar na transformação da nossa dor em uma jornada luminosa e curativa ao encontro de nossos talentos.

Mesmo reconhecendo que isso depende do nosso empenho, tenhamos esperança de alcançar esse objetivo ou, pelo menos, nos aproximarmos ao máximo dele.

Analisada dessa forma, quando o depressivo consegue atingir a autossuperação e discernir com mais lucidez quais são os recados subjetivos que a alma lhe endereça, ele transforma sua depressão em instrumento de autoconhecimento e desenvolvimento pessoal. A dor interior o faz olhar, inevitavelmente, para si mesmo e entender o que acontece consigo.

"Diante dessa indústria da felicidade, que alardeia ser possível sentir-se bem o tempo todo, a gente se torna incapaz de ver a tristeza como parte natural da vida." [1]

*Allan Horwitz*

---

[1] HORWITZ, Allan. *A Perda da Tristeza: Como a Psiquiatria Transformou Tristeza Normal em Disfunção Depressiva*, Editora Summus.

# Quando existe, realmente, um quadro de depressão?

Não pretendemos aprofundar detalhes sobre aspectos técnicos da depressão, em razão da facilidade de encontrar informações seguras em livros especializados, escritos por profissionais de saúde mental ou em respeitáveis sites de ótimo conteúdo.

Registraremos, aqui, algumas informações elementares que nos auxiliarão a diferenciar a tristeza como emoção natural da tristeza como doença. Grande distância existe entre baixo-astral, um estado depressivo passageiro e um quadro clínico de depressão.

Nos dias atuais, por uma questão cultural e comercial, temos uma "indústria da felicidade" bem consolidada na sociedade. Livros, técnicas terapêuticas, mídia, teatro, religiões e comunidades utilizam, frequentemente, o tema felicidade como vetor fundamental de seus conteúdos. Diante desse cenário, a pessoa que não consegue ser feliz a maior parte do tempo ou que perde seu estado habitual de alegria por períodos um pouco mais longos, logo é rotulada de depressiva. Alguns profissionais da saúde mental têm alertado, com frequência, para essa "patologização da tristeza", isto é, se você não é feliz o tempo todo, então está doente.

Allan Horwitz defende que isso acontece porque a psiquiatria contemporânea tende a deslocar os sintomas de seu contexto, classificando de disfunções mentais as reações normais que temos diante de situações de estresse. Ele ainda acrescenta: "Isso leva pessoas que estão apenas tristes ou que têm quadros mais leves de depressão a buscar saídas rápidas para sua dor por meio de antidepressivos".

A depressão é uma doença que transforma o modo de sentir, por isso mesmo está classificada no CID 10 - Código Internacional de Doenças - entre os grupos F.30 a F.39, que agrupam os transtornos de humor ou afetivos, incluindo variados tipos de depressão. Com o afeto ou o humor alterado surgem reflexos na maneira de se comportar e pensar, que influenciam nos acontecimentos, nos relacionamentos e nos indivíduos.

Faremos, então, apenas alguns registros para facilitar nosso entendimento sobre quando existe, de fato, um quadro clínico no qual a tristeza se transforma em patologia e requer tratamento especializado. **Devemos considerar, no entanto, que nenhum destes registros deve ser usado como referência para concluir que alguém tem depressão. Essa avaliação só pode ser feita por um profissional habilitado e bem indicado.**

Os dois sintomas mais mencionados entre os especialistas são: humor depressivo e perda do interesse. Os demais derivam destes ou guardam conexões entre si. Os sintomas mais comuns à maioria dos quadros são: tristeza, desânimo, apatia ou lentidão ou, às vezes, agitação, falta de alegria, diminuição ou aumento de apetite, insônia ou aumento de sono, falta de desejo sexual, falta de energia até para coisas simples, tais como tomar banho, ver televisão ou ler um jornal. Há uma diminuição geral do nível de energia. Problemas que antes eram resolvidos com facilidade se tornam tarefas pesadas e difíceis. Coisas que antes eram agradáveis se tornam sem graça.

Outro aspecto importante e muito presente é a ruminação mental, na qual o portador da depressão fica repetindo pensamentos. Sabe que eles não fazem sentido, mas não consegue tirá-los da cabeça. Por exemplo: conferir portas e janelas várias vezes, achar que poderia fazer mal a si mesmo ou a outras pessoas, ficar questionando seu próprio comportamento diante de alguém, alimentar um cenário pessimista sobre a sua situação financeira, ficar pedindo desculpas várias vezes pelo mesmo erro, entre outros.

O depressivo se sente muito culpado pelas coisas que fez e pelas que não fez. O passado volta carregado de culpa e remorso.

Uma das formas básicas de reconhecer a doença se dá pelo fato de que esses sintomas persistem no dia a dia, chegando a incapacitar o indivíduo para o exercício das atividades diárias, incapacitação esta acompanhada de uma desproporção emocional caracterizada por reações exageradas a problemas corriqueiros. Persistência, incapacitação e desproporção: esses três pontos são fundamentais aos profissionais para a formulação de um diagnóstico conclusivo.

Como se sente o depressivo diante dessa desproporção emocional? Extremamente solitário, como se somente ele tivesse os problemas que tem, abandonado porque ninguém o entende ou lhe quer bem, fazendo enorme sacrifício para viver, sem prazer com a vida, cansado de viver.

Não existem dois casos de depressão iguais. Cada histórico, cada contexto, cada pessoa com suas peculiaridades constrói elementos individuais na forma de expressar e viver essa dor. Conquanto as similaridades dos sintomas, para cada quadro patológico haverá uma terapêutica, uma abordagem, um método que melhor se aplique com objetivos curativos. Receituário coletivo em assuntos de doença psíquica é uma faca de dois gumes. Relembramos que os sintomas aqui citados não podem ser classificados por ninguém como depressão. Para formar um diagnóstico, somente um exame cuidadoso por parte de um profissional habilitado.

"Nos dias atuais, por uma questão cultural e comercial, temos uma "indústria da felicidade" bem consolidada na sociedade. Livros, técnicas terapêuticas, mídia, teatro, religiões e comunidades utilizam, frequentemente, o tema felicidade como vetor fundamental de seus conteúdos. Diante desse cenário, a pessoa que não consegue ser feliz a maior parte do tempo ou que perde seu estado habitual de alegria por períodos um pouco mais longos, logo é rotulada de depressiva."

CRISE EXISTENCIAL ESTRESSE PAIS FILHOS AMADURECIMENTO RELAÇÕES TÓXICAS AUTOABANDONO AUTOAMOR CARIDADE CRISE EXISTENCIAL ESTRESSE PAIS FILHOS AMADURECIMENTO RELAÇÕES TÓXICAS AUTOABANDONO AUTOAMOR CARIDADE CRISE EXISTENCIAL ESTRESSE PAIS FILHOS AMADURECIMENTO RELAÇÕES TÓXICAS AUTOABANDONO AUTOAMOR CARIDADE CRISE EXISTENCIAL

# DESCOMPLIQUE
## seja leve

FILHOS AMADURECIMENTO RELAÇÕES TÓXICAS AUTOABANDONO AUTOAMOR CARIDADE CRISE EXISTENCIAL ESTRESSE PAIS FILHOS AMADURECIMENTO RELAÇÕES TÓXICAS AUTOABANDONO FILHOS CARIDADE CRISE EXISTENCIAL ESTRESSE PAIS AUTOAMOR AMADURECIMENTO RELAÇÕES AUTOABANDONO AUTOAMOR CARIDADE CRISE EXISTENCIAL ESTRESSE PAIS FILHOS

DESCOMPLIQUE, SEJA LEVE
Copyright © 2016 by Wanderley Oliveira
1ª edição | Julho de 2016 | 1º ao 2º milheiro

Dados Internacionais de Catalogação Pública (CIP)
Câmara Brasileira do Livro | São Paulo | SP | Brasil

Wanderley Oliveira
Descomplique, seja leve
DUFAUX: Belo Horizonte, MG, 2016.

239p. 16 x 23 cm

ISBN: 978-85-63365-83-5

1. Mensagens        2. Autoconhecimento
I. Oliveira, Wanderley   II. Título

CDU — 133.9

Impresso no Brasil – Printed in Brazil – Presita en Brazilo

Editora Dufaux
R. Contria, 759 - Alto Barroca
Belo Horizonte - MG, 30431-028
Telefone: (31) 3347-1531
comercial@editoradufaux.com.br
www.editoradufaux.com.br

 Conforme novo acordo ortográfico da língua portuguesa ratificado em 2008.

Todos os direitos reservados à Editora Dufaux. É proibida a sua reprodução parcial ou total através de qualquer forma, meio ou processo eletrônico, digital, fotocópia, microfilme, internet, cd-rom, dvd, dentre outros, sem prévia e expressa autorização da editora, nos termos da Lei 9.610/98 que regulamenta os direitos de autor e conexos.

# DESCOMPLIQUE
## seja leve

Wanderley Oliveira

Série
Autoconhecimento

# SUMÁRIO

Prefácio.
Leveza emocional nos relacionamentos....................................10

Capítulo 1.
Interessei-me por alguém fora do casamento. E agora?.............13

Capítulo 2.
Você não é responsável pelas pessoas que ama......................17

Capítulo 3.
Você precisa de religião ou de terapia? ...................................21

Capítulo 4.
Crise existencial....................................................................25

Capítulo 5.
Culpa por não gostar de alguém .............................................29

Capítulo 6.
Estresse, doença silenciosa ...................................................33

Capítulo 7.
Temos de ter educação para discordar....................................37

Capítulo 8.
Existem pessoas que ofendem sem intenção de fazê-lo.............41

Capítulo 9.
A culpa não é dos pais ..........................................................45

**Capítulo 10.**
Controladores ................................................................49

**Capítulo 11.**
O sentimento que mais corrói sua proteção energética.............53

**Capítulo 12.**
O amadurecimento é libertador.........................................57

**Capítulo 13.**
Floresça, sendo você mesmo!...........................................61

**Capítulo 14.**
Todos precisam de ajuda.................................................65

**Capítulo 15.**
Autocobrança: qual a razão para exigir tanto de si mesmo?.......69

**Capítulo 16.**
Ter dó de alguém ..........................................................73

**Capítulo 17.**
Lidar com a culpa: um aprendizado fundamental para
sua paz.....................................................................77

**Capítulo 18.**
Para ajudar é necessário preparo .....................................81

**Capítulo 19.**
Perdoe-se por não ser quem gostaria .................................85

Capítulo 20.
Caro e barato: duas palavrinhas muito chatas ........................89

Capítulo 21.
Cordões energéticos: você pode estar preso a alguém ..............93

Capítulo 22.
Proteção contra más energias .................................................97

Capítulo 23.
O maior sabotador de sua felicidade...................................101

Capítulo 24.
Pessoas espiritualizadas....................................................105

Capítulo 25.
Amar não é se afundar com quem não quer caminhar...........109

Capítulo 26.
Quando não é possível amar, ter respeito já é um grande
avanço...........................................................................113

Capítulo 27.
Roubo de energia nos relacionamentos ...............................117

Capítulo 28.
Más energias travando sua vida?.......................................121

Capítulo 29.
A missão dos pais não é se responsabilizar pela felicidade
dos filhos ......................................................................125

Capítulo 30.
Ninguém é exatamente como você gostaria que fosse............131

Capítulo 31.
Não maltrate seu filho lhe dando de tudo (1) ........................137

Capítulo 32.
Não maltrate seu filho lhe dando de tudo (2) ........................141

Capítulo 33.
Problemas espirituais ou emocionais?...................................145

Capítulo 34.
Autoamor: o melhor escudo de proteção energética
contra o mal.................................................................149

Capítulo 35.
Ganhos secundários nas relações tóxicas .............................155

Capítulo 36.
Afinidade de lados sombrios................................................161

Capítulo 37.
Como tratar a mágoa .......................................................165

Capítulo 38.
Quantas pessoas você carrega nas costas?............................169

Capítulo 39.
Projeto autoperdão: o caminho para uma vida leve
e saudável...................................................................175

Capítulo 40.
Como somos prejudicados pela energia sexual dos outros .......179

Capítulo 41.
Egoísmo ou amor?.........................................................183

**Capítulo 12.**
Assédio energético nas relações conjugais ............................187

**Capítulo 13.**
Disputa ...........................................................................191

**Capítulo 14.**
Pretensão: a ilusão sobre seu próprio limite ..........................195

**Capítulo 15.**
Autoabandono e caridade ...................................................199

**Capítulo 16.**
Limerência: eu me apaixonei pelo que inventei de você ..........203

**Capítulo 17.**
Ganhos secundários de pais controladores ...........................209

**Capítulo 18.**
Resgatando os laços de amor na família ...............................213

**Capítulo 19.**
O "salvador" – Postura dos controladores .............................217

**Capítulo 50.**
O foco mental no presente .................................................221

# PALAVRA CRUZADA

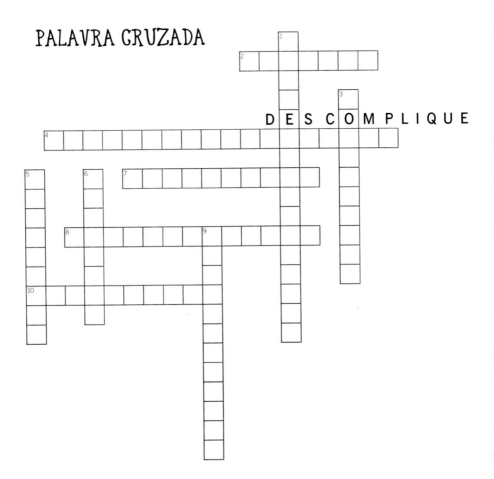

**HORIZONTAL**

2. Conjunto de práticas que ajudará a resolver seus problemas emocionais.
4. Laços criados com quem se compartilha relações energéticas.
7. Estado involuntário interpessoal que causa um desejo agudo de reciprocidade emocional.
8. Pessoas que necessitam reeducar seu modo perfeccionista de lidar com a vida, com as pessoas e também consigo mesmas.
10. Caminho que se deve adotar para uma vida leve e saudável.

**VERTICAL**

1. Intenso e sofrível momento de perdas, encerramentos de ciclos e início de outros, objetivando o amadurecimento e conhecimento sobre quem você realmente é.
3. Processo de educação emocional de construir habilidades de gerenciar seus próprios sentimentos.
5. O sentimento que mais corrói sua proteção energética.
6. Força divina de defesa e fonte de luz para todos os passos na vida.
9. Doença emocional provocada pelo ato de carregar ou tomar para si problemas de outras pessoas.

# PREFÁCIO

## Leveza emocional nos relacionamentos

Os relacionamentos humanos possuem uma parte oculta estruturada em emoções e energias, determinante na convivência, mas que não é considerada ou estudada.

A culpa, a inveja, o medo, a tristeza, a raiva, a mágoa, o orgulho e todas as emoções que nos infelicitam têm muita força e geram impactos que não podem ser ignorados, que se expressam nos problemas de saúde, nos conflitos de opinião e na forma como cada de um de nós pensa e se sente a respeito das pessoas que nos cercam.

Tomar consciência da vida emocional e energética que ge-renciam os contatos humanos é, sem dúvida, organizar recursos que alinham novas posturas diante dos acontecimentos que envolvem os seres humanos na escola da convivência.

Um dos principais focos do meu trabalho terapêutico é orientar o que fazer para utilizar, transformar e gerenciar os mecanismos invisíveis e sutis que regem a interação entre pessoas com seus respectivos laços afetivos.

Não existe conquista mais poderosa do que aprender a lidar com os sentimentos, reconhecer seus potenciais energéticos e saber o que e como usá-los para o bem de si mesmo e, consequentemente, de todos.

O desenvolvimento de relacionamentos leves e duradouros é a grande meta para todos nós. Herdamos a missão de amar e de nos nutrir de amor como sendo nossa rota principal perante a vida.

Com muita leveza na alma, entrego ao leitor minhas reflexões com uma única esperança: apoiar sua caminhada na aquisição de uma vida mais suave e rica de alegrias na convivência.

*Wanderley Oliveira*
Belo Horizonte, abril de 2016.

Capítulo 1

# INTERESSEI-ME POR ALGUÉM FORA DO CASAMENTO. E AGORA?

**Pergunta:**

Meu casamento está ruim e me interessei por alguém que também se interessou por mim. Mesmo sem trair meu marido, este fato aumentou minha autoestima, me fez bem, me fez sentir viva. Com esse alguém eu pude sentir o quanto estou deixando de ser feliz na minha vida, o quanto estou presa e limitada. Ele despertou sensações e desejos muito bons, que nunca senti antes. Será que isso é normal?

**Resposta:**

Seu casamento está morno e sem sentido. Então, acontece algo novo.

Sabe aquele sentimento bom e gostoso que surge por alguém fora do seu casamento, que dá vontade de largar tudo? Tenho uma boa e uma má notícia sobre isso.

A má notícia é que isso pode ser uma porta que se abre para você tornar seu casamento e sua vida piores do que já estão, dependendo do encaminhamento que você der ao fato.

A boa é que esse sentimento não pertence à pessoa pela qual você sentiu algo, pertence a você. Ele surge apenas para dizer que você está vivo, que pode e deve viver com mais amor e motivação. Só não precisa, necessariamente, complicar ainda mais a sua vida, desencadeando rolos afetivos.

O desafio de saber o que fazer com esse sentimento inusitado requer ajuda especializada, porque você ficará muito confuso sobre o que fazer com ele.

Se as pessoas soubessem que esse sentimento surge apenas para mostrar que algumas mudanças são urgentes, muito sofrimento poderia ser evitado no mundo!

Nem sempre mudar de cônjuge será a solução para garantir esse estado de coisas no seu coração. Nessas horas, as escolhas devem ser direcionadas para a revitalização de cada um. O que importa é que esse sentimento de autoamor, despertado por outra pessoa, seja entendido como um sinal claro de que a vida está pedindo a sua renovação.

Ame-se mais e perceba que um casamento não pode matar seu amor-próprio se você souber como zelar por esse sentimento.

**Capítulo 17**

# LIDAR COM A CULPA: UM APRENDIZADO FUNDAMENTAL PARA SUA PAZ

A culpa é um sentimento que pode ser útil e ter uma função libertadora, mas, para que isso aconteça, é necessária uma orientação emocional que, em alguns casos, deve ser acompanhada de ajuda terapêutica. É uma ginástica para os "músculos afetivos" que exige algumas etapas para que os resultados não lesem quem se sente assim, uma vez que ainda não está com seu condicionamento mental e emocional em dia. Enquanto não se aprende qual a função luminosa e terapêutica da culpa, vive-se no sofrimento causado pelo remorso.

Culpa não é um sentimento que serve apenas para indicar que fizemos algo errado ou transgredimos alguma regra. Ela é, também, indicadora de crenças, valores e princípios de vida que não lhe servem mais e estão pedindo reciclagem.

Quando alguém chega e me diz estar sofrendo muito com a culpa, eu digo: que ótimo! Você está sendo chamado a um novo caminho que vai lhe fazer muito feliz. O que essa culpa quer lhe mostrar pode ser muito positivo para você!

A partir daí, constrói-se uma radiografia da anatomia emocional para entender a que a culpa está relacionada e que revisão ela está sinalizando. Em seguida, é só traçar os exercícios para renovação de conduta e mudança na forma de entender o que ela quer mostrar. O alívio é imediato.

A culpa transforma-se em agente de transformação e a pessoa quase não acredita que ela possa promover uma mudança tão importante em sua vida. Isso se chama educação emocional, parte integrante de um processo libertador e formador de qualidade de vida.

Além da estrutura emocional é necessário examinar também os efeitos energéticos desse sentimento que costuma causar muitas doenças e problemas orgânicos quando perdura muito tempo na vida psíquica.

A culpa tóxica é uma das maiores produtoras de matéria astral adoecida. É a culpa tóxica aquela seguida de autopunição, de uma profunda sensação de mal-estar consigo mesmo, o estado de remorso.

Essa matéria mental bloqueia alguns chacras por onde deveriam circular livremente os campos de energia da saúde, criando uma pane na aura e no duplo etérico (corpo energético). Os chacras frontal (no meio da testa) e esplênico (localizado no baço) são profundamente agredidos em suas funções por essa matéria astral pegajosa, de cor verde-musgo.

Essa pane energética, com o tempo, pode ser sentida por meio da angústia, o sintoma claro da desorganização interior, afetando, por fim, o chacra cardíaco (localizado no coração). A rotação desse chacra é diminuída e cria a sensação de opressão, angústia e dor no peito.

Em nível físico, os reflexos mais identificáveis desse quadro de desequilíbrio são: desvitalização acompanhada por fadiga, desânimo e indisposição para movimentar-se; prisão de ventre; problemas respiratórios; enxaqueca; tristeza persistente sem causa aparente; dores cervicais e lombares; alergias e outras dores físicas e emocionais.

Aprender a lidar com a culpa é conquistar uma parte essencial de sua sombra e construir o caminho para uma vida mais feliz e rica de leveza emocional.

Capítulo 21

# CORDÕES ENERGÉTICOS: VOCÊ PODE ESTAR PRESO A ALGUÉM

Cordões energéticos são laços criados com quem se compartilha relações de afeto. São comuns entre familiares, amigos, conhecidos e até entre pessoas que passaram mais rapidamente pela vida umas das outras e com as quais foram criados laços afetivos, ou também com lugares e objetos. Existem dois tipos de cordões: os luminosos, que são frutos do amor, e os tóxicos, que são resultantes de relacionamentos mal encerrados ou mal orientados.

Cordões energéticos tóxicos podem causar muitos prejuízos e mantê-lo preso a alguém. Eles são sustentados pela troca energética e vínculos de força astral nos quais você emite e recebe uma carga doentia e destrutiva. Por essa razão, são mais comuns essas conexões sombrias entre familiares, colegas e amigos.

O envolvimento emocional é o componente básico para a formação dos cordões dessa natureza, criando um intercâmbio energético parasitário e explorador porque foi criado um processo de convivência mais longo e formaram-se cordões doentios.

A presença da decepção, da mágoa, do ciúme, da inveja, da disputa, da posse, da superproteção e tantas outras emoções na convivência, pode contaminar sua aura e criar enfermidades no corpo físico e no campo mental.

Você não precisa da presença de espíritos nem de magias para tornar sua vida carregada, pesada e infeliz. Os relacionamentos altamente tóxicos com pessoas encarnadas são capazes de causar danos muito maiores em sua vida em função do impacto que os sentimentos desgovernados e típicos desse contexto causam.

Os cordões são indícios de necessidades pessoais. É indispensável uma investigação do relacionamento que você tem com alguém para descobrir porque está conectado a ele e que tipo de emoções mantém esse vínculo. Eles não podem ser cortados nem extintos. Pode-se desintoxicá-los. Com técnicas próprias e educação emocional, é possível o asseio dessas ligações perigosas, verdadeiras algemas invisíveis.

Algumas técnicas para higienizar os cordões tóxicos já foram desenvolvidas e os resultados são muito saudáveis. Existem tratamentos em fase de desenvolvimento para tratar os efeitos perturbadores que esse quadro pode criar na vida das pessoas.

## Capítulo 39

# PROJETO AUTOPERDÃO: O CAMINHO PARA UMA VIDA LEVE E SAUDÁVEL

Para você que está descobrindo agora que as pessoas jamais foram ou serão como você gostaria, prepare-se para descobrir também que, por acreditar nessa ilusão, seu coração está muito ferido. Algumas pessoas manifestam esta dor no cansaço, na angústia, nas dores físicas crônicas, entre tantas outras enfermidades.

Como pano de fundo desse contexto, encontramos a mágoa, um sentimento que sempre buzinou na sua cabeça algo como: "Preste atenção, criatura! E pare de esperar dos outros o que eles não conseguem (e nem querem) ser". Essa mágoa sempre foi sua amiga e você nunca deu atenção a ela. Ela alimentou seu discernimento e sua intuição com ideias de autoproteção e você teve medo de ouvi-la, porque preferiu acreditar nas suas crenças ilusórias.

Neste momento, você descobre sua dor, sua insatisfação a respeito de muitas coisas, e percebe que negou a vida inteira seus próprios sentimentos, que pediam para que cuidasse de si mesmo, antes de tudo e de todos. Descobrir que você é o principal responsável pela dor da ofensa é doloroso. É um ato de se automagoar.

Ok! Está doendo, mas tem jeito. Adote o Projeto Autoperdão: o foco é você mesmo.

Comece a olhar mais para o que você quer, prepare-se para abrir mão de sua lista de cobranças por tudo que fez em favor de quem ama, invista em um processo terapêutico que o ajude a entender suas emoções sufocadas, assuma um compromisso com seu lado luz que está esperando cuidados, tenha coragem de olhar para seus verdadeiros sentimentos sombrios e, sobretudo, acredite que, em qualquer época e em que idade for, a vida começa mesmo quando você decide corajosamente se amar e se conceder o título de pessoa mais importante de sua vida.

Quem espera muito das pessoas que ama, condena-se a ser magoado. As pessoas são o que são e não é papel de ninguém viver para atender ao que o outro espera dele. Ninguém existe para o outro. Isso é uma ilusão massacrante da cultura social. Vivemos para dar conta de nós mesmos e cooperar com o crescimento do outro, mas não para ser gerente da vida, das escolhas e dos esforços que competem ao outro desenvolver em favor da vida que é dele. Amar não é tomar conta da vida de alguém ou se sentir responsável por ela. É ser coparticipante da vida dessa pessoa, da melhor forma que pudermos. É só uma participação, nada mais.

Uma relação construída com base em expectativas (atendidas ou não) tem alicerces muito frágeis que impedem a presença da alegria, da amizade, da sinceridade e do bem querer.

Perdoe-se por esperar tanto dos outros. Ao fazer isso, você se desliga de tudo que é excesso em relação ao que gostaria que acontecesse e passa a viver uma vida real, do jeito que as coisas têm de acontecer, longe da neurose do controle e do doentio impulso de saber o que é certo ou errado para os outros.

O caminho do amor é outro. É pela cumplicidade, pela entrega, pela honestidade emocional, pelo incentivo, pela crença na competência do outro e pela construção da honra da confiança que uma relação se fortalece e vale a pena.

# NOSSAS PUBLICAÇÕES

# SÉRIE AUTOCONHECIMENTO

### DEPRESSÃO E AUTOCONHECIMENTO - COMO EXTRAIR PRECIOSAS LIÇÕES DESSA DOR

A proposta de tratamento complementar da depressão aqui abordada tem como foco a educação para lidar com nossa dor, que muito antes de ser mental, é moral.

Wanderley Oliveira
16 x 23 cm
235 páginas

### FALA, PRETO VELHO

Um roteiro de autoproteção energética através do autoamor. Os textos aqui desenvolvidos permitem construir nossa proteção interior por meio de condutas amorosas e posturas mentais positivas, para criação de um ambiente energético protetor ao redor de nossas vidas.

Wanderley Oliveira | Pai João de Angola
16 x 23 cm
291 páginas

### QUAL A MEDIDA DO SEU AMOR?

Propõe revermos nossa forma de amar, pois estamos mais próximos de uma visão particularista do que de uma vivência autêntica desse sentimento. Superar limites, cultivar relações saudáveis e vencer barreiras emocionais são alguns dos exercícios na construção desse novo olhar.

Wanderley Oliveira | Ermance Dufaux
16 x 23 cm
208 páginas

### APAIXONE-SE POR VOCÊ

Você já ouviu alguém dizer para outra pessoa: "minha vida é você"?
Enquanto o eixo de sua sustentação psicológica for outra pessoa, a sua vida estará sempre ameaçada, pois o medo da perda vai rondar seus passos a cada minuto.

Wanderley Oliveira
16 x 23 cm
152 páginas

### A VERDADE ALÉM DAS APARÊNCIAS - O UNIVERSO INTERIOR

Liberte-se da ansiedade e da angústia, direcionando o seu espírito para o único tempo que realmente importa: o presente. Nele você pode construir um novo olhar, amplo e consciente, que levará você a enxergar a verdade além das aparências.

Samuel Gomes
16 x 23 cm
272 páginas

### DESCOMPLIQUE, SEJA LEVE

Um livro de mensagens para apoiar sua caminhada na aquisição de uma vida mais suave e rica de alegrias na convivência.

Wanderley Oliveira
16 x 23 cm
238 páginas

### 7 CAMINHOS PARA O AUTOAMOR

O tema central dessa obra é o autoamor que, na concepção dos educadores espirituais, tem na autoestima o campo elementar para seu desenvolvimento. O autoamor é algo inato, herança divina, enquanto a autoestima é o serviço laborioso e paciente de resgatar essa força interior, ao longo do caminho de volta à casa do Pai.

Wanderley Oliveira | Pai João de Angola
16 x 23 cm
272 páginas

### A REDENÇÃO DE UM EXILADO

A obra traz informações sobre a formação da civilização, nos primórdios da Terra, que contou com a ajuda do exílio de milhões de espíritos mandados para cá para conquistar sua recuperação moral e auxiliar no desenvolvimento das raças e da civilização. É uma narrativa do Apóstolo Lucas, que foi um desses enviados, e que venceu suas dificuldades íntimas para seguir no trabalho orientado pelo Cristo.

Samuel Gomes | Lucas
16 x 23 cm
368 páginas

### AMOROSIDADE - A CURA DA FERIDA DO ABANDONO

Uma das mais conhecidas prisões emocionais na atualidade é a dor do abandono, a sensação de desamparo. Essa lesão na alma responde por larga soma de aflições em todos os continentes do mundo. Não há quem não esteja carente de ser protegido e acolhido, amado e incentivado nas lutas de cada dia.

Wanderley Oliveira | Ermance Dufaux
16 x 23 cm
300 páginas

### MEDIUNIDADE - A CURA DA FERIDA DA FRAGILIDADE

Ermance Dufaux vem tratando sobre as feridas evolutivas da humanidade. A ferida da fragilidade é um dos traços mais marcantes dos aprendizes da escola terrena. Uma acentuada desconexão com o patrimônio da fé e do autoamor, os verdadeiros poderes da alma.

Wanderley Oliveira | Ermance Dufaux
16 x 23 cm
235 páginas

### CONECTE-SE A VOCÊ - O ENCONTRO DE UMA NOVA MENTALIDADE QUE TRANSFORMARÁ A SUA VIDA

Este livro vai te estimular na busca de quem você é verdadeiramente. Com leitura de fácil assimilação, ele é uma viagem a um país desconhecido que, pouco a pouco, revela características e peculiaridades que o ajudarão a encontrar novos caminhos. Para esta viagem, você deve estar conectado a sua essência. A partir daí, tudo que você fizer o levará ao encontro do propósito que Deus estabeleceu para sua vida espiritual.

Rodrigo Ferretti
16 x 23 cm
256 páginas

### APOCALIPSE SEGUNDO A ESPIRITUALIDADE - O DESPERTAR DE UMA NOVA CONSCIÊNCIA

Num curso realizado em uma colônia do plano espiritual, o livro Apocalipse, de João Evangelista, é estudado de forma dinâmica e de fácil entendimento, desvendando a simbologia das figuras místicas sob o enfoque do autoconhecimento.

Samuel Gomes
16 x 23 cm
313 páginas

### VIDAS PASSADAS E HOMOSSEXUALIDADE - CAMINHOS QUE LEVAM À HARMONIA

"Vidas Passadas e Homossexualidade" é, antes de tudo, um livro sobre o autoconhecimento. E, mais que uma obra que trada do uso prático da Terapia de Regressão às Vidas Passadas . Em um conjunto de casos, ricamente descritos, o leitor poderá compreender a relação de sua atual encarnação com aquelas que ele viveu em vidas passadas. O obra mostra que absolutamente tudo está interligado. Se o leitor não encontra respostas sobre as suas buscas psicológicas nesta vida, ele as encontrará conhecendo suas vidas passadas.
Samuel Gomes

Dra. Solange Cigagna
16 x 23 cm
364 páginas

# SÉRIE CONSCIÊNCIA DESPERTA

**SAIA DO CONTROLE - UM DIÁLOGO TERAPEUTICO E LIBERTADOR ENTRE A MENTE E A CONSCIÊNCIA**

Agimos de forma instintiva por não saber observar os pensamentos e emoções que direcionam nossas ações de forma condicionada. Por meio de uma observação atenta e consciente, identificando o domínio da mente em nossas vidas, passamos a viver conscientes das forças internas que nos regem.

Rossano Sobrinho
16 x 23 cm
268 páginas

# SÉRIE CULTO NO LAR

**VIBRAÇÕES DE PAZ EM FAMÍLIA**

Quando a família se reúne para orar, ou mesmo um de seus componetes, o ambiente do lar melhora muito. As preces são emissões poderosas de energia que promovem a iluminação interior. A oração em família traz paz e fortalece, protege e ampara a cada um que se prepara para a jornada terrena rumo à superação de todos os desafios.

Wanderley Oliveira | Ermance Dufaux
16 x 23 cm
212 páginas

**JESUS - A INSPIRAÇÃO DAS RELAÇÕES LUMINOSAS**

Após o sucesso de "Emoções que curam", o espírito Ermance Dufaux retorna com um novo livro baseado nos ensinamentos do Cristo, destacando que o autoamor é a garantia mais sólida para a construção de relacionamentos luminosos.

Wanderley Oliveira | Ermance Dufaux
16 x 23 cm
304 páginas

**REGENERAÇÃO - EM HARMONIA COM O PAI**

Nos dias em que a Terra passa por transformações fundamentais, ampliando suas condições na direção de se tornar um mundo regenerado, é necessário desenvolvermos uma harmonia inabalável para aproveitar as lições que esses dias nos proporcionam por meio das nossas decisões e das nossas escolhas, [...].

Samuel Gomes | Diversos Espíritos
16 x 23 cm
223 páginas

### PRECES ESPÍRITAS

Porque e como orar?
O modo como oramos influi no resultado de nossas preces?
Existe um jeito certo de fazer a oração?
Allan Kardec nos afirma que *"não há fórmula absoluta para a prece"*, mas o próprio Evangelho nos orienta que *"quando oramos, devemos entrar no nosso aposento interno do coração e, fechando a porta, busquemos Deus que habita em nós; e Ele, que vê nossa mais secreta realidade espiritual, nos amparará em todas as necessidades. Ao orarmos, evitemos as repetições de orações realizadas da boca para fora, como muitos que pensam que por muito falarem serão ouvidos. Oremos a Deus em espírito e verdade porque nosso Pai sabe o que nos é necessário, antes mesmo de pedirmos ".* (Mateus 6:5 a 8)

Allan Kardec
16 x 23 cm
145 páginas

### O EVANGELHO SEGUNDO O ESPIRITISMO

O Evangelho de Jesus Cristo foi levado ao mundo por meio de seus discípulos, logo após o desencarne do Mestre na cruz. Mas o Evangelho de Cristo foi, muitas vezes, alterado e deturpado através de inúmeras edições e traduções do chamado Novo Testamento. Agora, a Doutrina Espírita, por meio de um trabalho sob a óptica dos espíritos e de Allan Kardec, vem jogar luz sobre a verdadeira face de Cristo e seus ensinamentos de perdão, caridade e amor.

Allan Kardec
16 x 23 cm
431 páginas

## SÉRIE DESAFIOS DA CONVIVÊNCIA

### QUEM SABE PODE MUITO. QUEM AMA PODE MAIS

A lição central desta obra é mostrar que o conhecimento nem sempre é suficiente para garantir a presença do amor nas relações. "Estar informado é a primeira etapa. Ser transformado é a etapa da maioridade." - Eurípedes Barsanulfo.

Wanderley Oliveira | José Mário
16 x 23 cm
312 páginas

### QUEM PERDOA LIBERTA - ROMPER OS FIOS DA MÁGOA ATRAVÉS DA MISERICÓRDIA

Continuação do livro "QUEM SABE PODE MUITO. QUEM AMA PODE MAIS" dando sequência à trilogia "Desafios da Convivência".

Wanderley Oliveira | José Mário
16 x 23 cm
320 páginas

**SERVIDORES DA LUZ NA TRANSIÇÃO PLANETÁRIA**

Nesta obra recebemos o convite para nos integrar nas fileiras dos Servidores da Luz, atuando de forma consciente diante dos desafios da transição planetária. Brilhante fechamento da trilogia.

Wanderley Oliveira | José Mário
14x21 cm
298 páginas

## SÉRIE ESPÍRITOS DO BEM

**GUARDIÕES DO CARMA - A MISSÃO DOS EXUS NA TERRA**

Pai João de Angola quebra com o preconceito criado em torno dos exus e mostra que a missão deles na Terra vai além do que conhecemos. Na verdade, eles atuam como guardiões do carma, nos ajudando nos principais aspectos de nossas vidas.

Wanderley Oliveira | Pai João de Angola
16 x 23 cm
288 páginas

**GUARDIÃS DO AMOR - A MISSÃO DAS POMBAGIRAS NA TERRA**

"São um exemplo de amor incondicional e de grandeza da alma. São mães dos deserdados e angustiados. São educadoras e desenvolvedoras do sagrado feminino, e nesse aspecto são capazes de ampliar, nos homens e nas mulheres, muitas conquistas que abrem portas para um mundo mais humanizado, [...]".

Wanderley Oliveira | Pai João de Angola
16 x 23 cm
232 páginas

**GUARDIÕES DA VERDADE - NADA FICARÁ OCULTO**

Neste momento de batalhas decisivas rumo aos tempos da regeneração, esta obra é um alerta que destaca a importância da autenticidade nas relações humanas e da conduta ética como bases para uma forma transparente de viver. A partir de agora, nada ficará oculto, pois a Verdade é o único caminho que aguarda a humanidade para diluir o mal e se estabelecer na realidade que rege o universo.

Wanderley Oliveira | Pai João de Angola
16 x 23 cm
236 páginas

## SÉRIE ESTUDOS DOUTRINÁRIOS

**ATITUDE DE AMOR**

Opúsculo contendo a palestra "Atitude de Amor" de Bezerra de Menezes, o debate com Eurípedes Barsanulfo sobre o período da maioridade do Espiritismo e as orientações sobre o "movimento atitude de amor". Por uma efetiva renovação pela educação moral.

Wanderley Oliveira | Ermance Dufaux e Cícero Pereira
14 x 21 cm
94 páginas

**SEARA BENDITA**

Um convite à reflexão sobre a urgência de novas posturas e conceitos. As mudanças a adotar em favor da construção de um movimento social capaz de cooperar com eficácia na espiritualização da humanidade.

Wanderley Oliveira e Maria José Costa | Diversos Espíritos
14 x 21 cm
284 páginas

Gratuito em nosso site, somente em:

**NOTÍCIAS DE CHICO**

"Nesta obra, Chico Xavier afirma com seu otimismo natural que a Terra caminha para uma regeneração de acordo com os projetos de Jesus, a caracterizar-se pela tolerância humana recíproca e que precisamos fazer a nossa parte no concerto projetado pelo Orientador Maior, principalmente porque ainda não assumimos responsabilidades mais expressivas na sustentação das propostas elevadas que dizem respeito ao futuro do nosso planeta."

Samuel Gomes | Chico Xavier
16 x 23 cm
181 páginas

## SÉRIE FAMÍLIA E ESPIRITUALIDADE

**UM JOVEM OBSESSOR - A FORÇA DO AMOR NA REDENÇÃO ESPIRITUAL**

Um jovem conta sua história, compartilhando seus problemas após a morte, falando sobre relacionamentos, sexo, drogas e, sobretudo, da força do amor na redenção espiritual.

Adriana Machado | Jefferson
16 x 23 cm
392 páginas

### UM JOVEM MÉDIUM - CORAGEM E SUPERAÇÃO PELA FORÇA DA FÉ

A mediunidade é um canal de acesso às questões de vidas passadas que ainda precisam ser resolvidas. O livro conta a história do jovem Alexandre que, com sua mediunidade, se torna o intermediário entre as histórias de vidas passadas daqueles que o rodeiam tanto no plano físico quanto no plano espiritual. Surpresos com o dom mediúnico do menino, os pais, de formação Católica, se veem às voltas com as questões espirituais que o filho querido traz para o seio da família.

Adriana Machado | Ezequiel
16 x 23 cm
365 páginas

### RECONSTRUA SUA FAMÍLIA - CONSIDERAÇÕES PARA O PÓS-PANDEMIA

Vivemos dias de definição, onde nada mais será como antes. Necessário redefinir e ampliar o conceito de família. Isso pode evitar muitos conflitos nas interações pessoais. O autoconhecimento seguido de reforma íntima será o único caminho para transformação do ser humano, das famílias, das sociedades e da humanidade.

Dr. Américo Canhoto
16 x 23 cm
237 páginas

## SÉRIE HARMONIA INTERIOR

### LAÇOS DE AFETO - CAMINHOS DO AMOR NA CONVIVÊNCIA

Uma abordagem sobre a importância do afeto em nossos relacionamentos para o crescimento espiritual. São textos baseados no dia a dia de nossas experiências. Um estímulo ao aprendizado mais proveitoso e harmonioso na convivência humana.

Wanderley Oliveira | Ermance Dufaux
16 x 23 cm
312 páginas

### MEREÇA SER FELIZ - SUPERANDO AS ILUSÕES DO ORGULHO

Um estudo psicológico sobre o orgulho e sua influência em nossa caminhada espiritual. Ermance Dufaux considera essa doença moral como um dos mais fortes obstáculos à nossa felicidade, porque nos leva à ilusão.

Wanderley Oliveira | Ermance Dufaux
16 x 23 cm
296 páginas

### REFORMA ÍNTIMA SEM MARTÍRIO - AUTOTRANSFORMAÇÃO COM LEVEZA E ESPERANÇA

As ações em favor do aperfeiçoamento espiritual dependem de uma relação pacífica com nossas imperfeições. Como gerenciar a vida íntima sem adicionar o sofrimento e sem entrar em conflito consigo mesmo?

Wanderley Oliveira | Ermance Dufaux
16 x 23 cm
288 páginas

 ESPANHOL   INGLÊS

### PRAZER DE VIVER - CONQUISTA DE QUEM CULTIVA A FÉ E A ESPERANÇA

Neste livro, Ermance Dufaux, com seus ensinos, nos auxilia a pensar caminhos para alcançar nossas metas existenciais, a fim de que as nossas reencarnações sejam melhor vividas e aproveitadas.

Wanderley Oliveira | Ermance Dufaux
16 x 23 cm
248 páginas

### ESCUTANDO SENTIMENTOS - A ATITUDE DE AMAR-NOS COMO MERECEMOS

Ermance afirma que temos dado passos importantes no amor ao próximo, mas nem sempre sabemos como cuidar de nós, tratando-nos com culpas, medos e outros sentimentos que não colaboram para nossa felicidade.

Wanderley Oliveira | Ermance Dufaux
16 x 23 cm
256 páginas

 ESPANHOL

### DIFERENÇAS NÃO SÃO DEFEITOS - A RIQUEZA DA DIVERSIDADE NAS RELAÇÕES HUMANAS

Ninguém será exatamente como gostaríamos que fosse. Quando aprendemos a conviver bem com os diferentes e suas diferenças, a vida fica bem mais leve. Aprenda esse grande SEGREDO e conquiste sua liberdade pessoal.

Wanderley Oliveira | Ermance Dufaux
16 x 23 cm
248 páginas

**EMOÇÕES QUE CURAM - CULPA, RAIVA E MEDO COMO FORÇAS DE LIBERTAÇÃO**

Um convite para aceitarmos as emoções como forma terapêutica de viver, sintonizando o pensamento com a realidade e com o desenvolvimento da autoaceitação.

Wanderley Oliveira | Ermance Dufaux
16 x 23 cm
272 páginas

## SÉRIE REFLEXÕES DIÁRIAS

**PARA SENTIR DEUS**

Nos momentos atuais da humanidade sentimos extrema necessidade da presença de Deus. Ermance Dufaux resgata, para cada um, múltiplas formas de contato com Ele, de como senti-Lo em nossas vidas, nas circunstâncias que nos cercam e nos semelhantes que dividem conosco a jornada reencarnatória. Ver, ouvir e sentir Deus em tudo e em todos.

Wanderley Oliveira | Ermance Dufaux
11 x 15,5 cm
133 páginas
Somente ebook

**LIÇÕES PARA O AUTOAMOR**

Mensagens de estímulo na conquista do perdão, da aceitação e do amor a si mesmo. Um convite à maravilhosa jornada do autoconhecimento que nos conduzirá a tomar posse de nossa herança divina.

Wanderley Oliveira | Ermance Dufaux
11 x 15,5 cm
128 páginas

Somente ebook

**RECEITAS PARA A ALMA**

Mensagens de conforto e esperança, com pequenos lembretes sobre a aplicação do Evangelho para o dia a dia. Um conjunto de propostas que se constituem em verdadeiros remédios para nossas almas.

Wanderley Oliveira | Ermance Dufaux
11 x 15,5 cm
146 páginas

Somente ebook

## SÉRIE REGENERAÇÃO

**FUTURO ESPIRITUAL DA TERRA**

As necessidades, as estruturas perispirituais e neuropsíquicas, o trabalho, o tempo, as características sociais e os próprios recursos de natureza material se tornarão bem mais sutis. O futuro já está em construção e André Luiz, através da psicografia de Samuel Gomes, conta como será o Futuro Espiritual da Terra.

Samuel Gomes | André Luiz
16 x 23 cm
344 páginas

**XEQUE-MATE NAS SOMBRAS - A VITÓRIA DA LUZ**

André Luiz traz notícias das atividades que as colônias espirituais, ao redor da Terra, estão realizando para resgatar os espíritos que se encontram perdidos nas trevas e conduzi-los a passar por um filtro de valores, seja para receberem recursos visando a melhorar suas qualidades morais – se tiverem condições de continuar no orbe – seja para encaminhá-los ao degredo planetário.

Samuel Gomes | André Luiz
16 x 23 cm
212 páginas

**A DECISÃO - CRISTOS PLANETÁRIOS DEFINEM O FUTURO ESPIRITUAL DA TERRA**

"Os Cristos Planetários do Sistema Solar e de outros sistemas se encontram para decidir sobre o futuro da Terra na sua fase de regeneração. Numa reunião que pode ser considerada, na atualidade, uma das mais importantes para a humanidade terrestre, Jesus faz um pronunciamento direto sobre as diretrizes estabelecidas por Ele para este período."

Samuel Gomes | André Luiz e Chico Xavier
16 x 23 cm
210 páginas

## SÉRIE ROMANCE MEDIÚNICO

**OS DRAGÕES - O DIAMANTE NO LODO NÃO DEIXA DE SER DIAMANTE**

Um relato leve e comovente sobre nossos vínculos com os grupos de espíritos que integram as organizações do mal no submundo astral.

Wanderley Oliveira | Maria Modesto Cravo
16 x 23cm
522 páginas

### LÍRIOS DE ESPERANÇA

Ermance Dufaux alerta os espíritas e lidadores do bem de um modo geral, para as responsabilidades urgentes da renovação interior e da prática do amor neste momento de transição evolutiva, através de novos modelos de relação, como orientam os benfeitores espirituais.

Wanderley Oliveira | Ermance Dufaux
16 x 23 cm
508 páginas

### AMOR ALÉM DE TUDO

Regras para seguir e rótulos para sustentar. Até quando viveremos sob o peso dessas ilusões? Nessa obra reveladora, Dr. Inácio Ferreira nos convida a conhecer a verdade acima das aparências. Um novo caminho para aqueles que buscam respeito às diferenças e o AMOR ALÉM DE TUDO.

Wanderley Oliveira | Inácio Ferreira
16 x 23 cm
252 páginas

### ABRAÇO DE PAI JOÃO

Pai João de Angola retorna com conceitos simples e práticos, sobre os problemas gerados pela carência afetiva. Um romance com casos repletos de lutas, desafios e superações. Esperança para que permaneçamos no processo de resgate das potências divinas de nosso espírito.

Wanderley Oliveira | Pai João de Angola
16 x 23 cm
224 páginas

### UM ENCONTRO COM PAI JOÃO

A obra também fala do valor de uma terapia, da necessidade do autoconhecimento, dos tipos de casamentos programados antes do reencarne, dos processos obsessivos de variados graus e do amparo de Deus para nossas vidas por meio dos amigos espirituais e seus trabalhadores encarnados. Narra também em detalhes a dinâmica das atividades socorristas do centro espírita.

Wanderley Oliveira | Pai João de Angola
16 x 23 cm
220 páginas

### O LADO OCULTO DA TRANSIÇÃO PLANETÁRIA

O espírito Maria Modesto Cravo aborda os bastidores da transição planetária com casos conectados ao astral da Terra.

Wanderley Oliveira | Maria Modesto Cravo
16 x 23 cm
288 páginas

**ebook**

### PERDÃO - A CHAVE PARA A LIBERDADE

Neste romance revelador, conhecemos Onofre, um pai que enfrenta a perda de seu único filho com apenas oito anos de idade. Diante do luto e diversas frustrações, um processo desafiador de autoconhecimento o convida a enxergar a vida com um novo olhar. Será essa a chave para a sua libertação?

Adriana Machado | Ezequiel
14 x 21 cm
288 páginas

**ebook**

### 1/3 DA VIDA - ENQUANTO O CORPO DORME A ALMA DESPERTA

A atividade noturna fora da matéria representa um terço da vida no corpo físico, e é considerada por nós como o período mais rico em espiritualidade, oportunidade e esperança.

Wanderley Oliveira | Ermance Dufaux
16 x 23 cm
279 páginas

**ebook**

### NEM TUDO É CARMA, MAS TUDO É ESCOLHA

Somos todos agentes ativos das experiências que vivenciamos e não há injustiças ou acasos em cada um dos aprendizados.

Adriana Machado | Ezequiel
16 x 23 cm
536 páginas

**ebook**

### RETRATOS DA VIDA - AS CONSEQUÊNCIAS DO DESCOMPROMETIMENTO AFETIVO

Túlio costumava abstrair-se da realidade, sempre se imaginando pintando um quadro; mais especificamente pintando o rosto de uma mulher.
Vivendo com Dora um casamento já frio e distante, uma terrível e insuportável dor se abate sobre sua vida. A dor era tanta que Túlio precisou buscar dentro de sua alma uma resposta para todas as suas angústias..

Clotilde Fascioni
16 x 23 cm
175 páginas

**O PREÇO DE UM PERDÃO - AS VIDAS DE DANIEL**

Daniel se apaixona perdidamente e, por várias vidas, é capaz de fazer qualquer coisa para alcançar o objetivo de concretizar o seu amor. Mas suas atitudes, por mais verdadeiras que sejam, o afastam cada vez mais desse objetivo. É quando a vida o para.

André Figueiredo e Fernanda Sicuro | Espírito Bruno
16 x 23 cm
333 páginas

---

## Livros que transformam vidas!

### Acompanhe nossas redes sociais

(lançamentos, conteúdos e promoções)

📷 @editoradufaux

📘 facebook.com/EditoraDufaux

▶ youtube.com/user/EditoraDufaux

### Conheça nosso catálogo e mais sobre nossa editora. Acesse os nossos sites

Loja Virtual

🌐 www.dufaux.com.br

### eBooks, conteúdos gratuitos e muito mais

🌐 www.editoradufaux.com.br

## Entre em contato com a gente.

## Use os nossos canais de atendimento

💬 (31) 99193-2230

📞 (31) 3347-1531

🌐 www.dufaux.com.br/contato

✉ sac@editoradufaux.com.br

📍 Rua Contria, 759 | Alto Barroca | CEP 30431-028 | Belo Horizonte | MG